PRIVATISATIONS
L'autre point de vue

PRIVATISATIONS

L'autre point de vue

Léo-Paul Lauzon
Michel Bernard
François Patenaude
Martin Poirier

Publié par les Éditions du Renouveau québécois et
la Chaire d'études socio-économiques de l'UQÀM.

Conception de la couverture
et mise en page intérieure: Jean-François Castonguay

ISBN 2-9801075-0-6

Dépôt légal 1998 -
Bibliothèque nationale du Québec
Bibliothèque nationale du Canada

Table des matières

Préface

Le présent livre résume des études effectuées par la Chaire d'études socio-économiques de l'UQÀM sur la question des privatisations. Il recense aussi des articles de *l'aut' journal* portant sur ce sujet. En général, il s'agit d'un effort pour chiffrer le coût, pour les contribuables, de certaines privatisations. Quand un gouvernement veut privatiser, il a tendance à retenir les études qui conduisent à le conforter dans ses décisions. La privatisation est la mise en oeuvre d'une philosophie sociale et politique déclarée. Les « experts » privés, la faune des comptables, économistes et autres conseillers appelés en consultation, connaissent bien ce jeu et ils ont tendance à ne retenir que les hypothèses qui favorisent et rationalisent le point de vue retenu *a priori* par le gouvernement. D'ailleurs, la décision de privatisation s'appuie sur des données passées tels les profits et les coûts, mais elle porte toujours sur l'évaluation d'événements futurs incertains qui laissent place aux *a priori*.

Il fallait apporter un autre point de vue, constater empiriquement ce qui arrive aux services et à leurs coûts suite à une privatisation. Sans se prononcer pour ou contre une privatisation, on peut montrer comment des scénarios catastrophistes peuvent flouer le public. Il ne s'agit pas d'être normatif et de dire « le public est bon et le privé est mauvais par essence », mais de montrer les chiffres qui résultent de l'application d'une autre philosophie sociale et politique. Pourquoi créer des fortunes privées, alors que l'on pourrait créer de la fortune collective en offrant les mêmes services.

Il faut aussi documenter empiriquement comment la création de fortunes privées conduit à remettre un pouvoir et une influence croissante à des individus non élus. Les fortunes privées ainsi constituées ont la fâcheuse habitude de jeter toute leur influence et leurs fonds dans l'exigence d'un État minimal en niant les effets pervers du marché et la responsabilité de leurs actes d'enrichissement.

Nous avons retenu des études sur les privatisations déjà réalisées, mais nous traitons aussi de la privatisation éventuelle de sociétés d'État ou d'organismes publics qui sont continuellement reluqués par le secteur privé. En effet, dans ce domaine, il vaut mieux prévenir l'opinion publique, car nous sommes habituellement placés devant des faits accomplis. Parmi les privatisations potentielles, nous avons apporté une attention particulière à la privatisation de l'eau à Montréal et au Québec, qui est loin d'être une affaire close malgré la grande réticence du public. Mais il n'y a pas d'oboles trop petites ni d'offrandes trop grosses. Que dire de la Société des alcools du Québec, véritable vache à lait, si l'on peut dire, continuellement soumise aux assauts du privé qui y voit un nouveau Klondike. Même le joyau de la Couronne, la société Hydro-Québec, est loin d'être épargnée. Le gouvernement du Québec, unique actionnaire, est constamment tenté de céder de gros paquets de ses actions pour renflouer à court terme son budget face aux dispensateurs de cotes de crédits. Ce serait à proprement parler vendre son droit d'aînesse pour un plat de lentilles.

Parmi les cas éloquents de privatisations déjà réalisées, nous avons retenu celle du stationnement à Montréal, un présent à la Chambre de commerce, une aumône faite aux riches, qui a fait l'actualité et que nous avons maintenant tendance à oublier malgré la croissance rapide des parcomètres à la façon d'une véritable forêt de champignons géants. Mais, qui veut mesurer le progrès de l'idéologie néolibérale au Québec doit aussi revenir en arrière et se rappeler les cas de la Papetière Donohue, du centre de ski du Mont-Sainte-Anne, jeté en pâture aux Américains par un gouvernement libéral sentant la défaite. Comment résister à de pareilles offrandes ? La braderie des mines d'amiante fut aussi exemplaire de cette idéologie. Et que dire des services alimentaires dans les hôpitaux, un pied dans la porte pour le secteur privé qui salive devant le désengagement de l'État dans le secteur de la santé.

Le secteur privé continue de rêver aux machines à argent que constitueraient l'assurance-maladie privée, l'assurance-responsabilité des automobilistes, les hôpitaux et les écoles privés opérés par du personnel non syndiqué.

Michel Bernard

Introduction

L'idéologie sous-jacente
au retrait de l'État

Il faut parler, en préambule, de la forme la plus insidieuse de privatisation : l'offre progressive du privé suite au retrait en catimini de l'État des programmes essentiels. Les petites victoires comptables du déficit zéro se remportent au prix d'une vaste défaite morale.

Les privatisations passives

Le domaine de la santé est tellement sous-financé qu'il fait saliver les entreprises privées, toutes disposées à satisfaire la demande solvable et à laisser les démunis s'adresser à un secteur public affaibli. Qui de nous ne connaît pas quelqu'un qui a attendu dix heures à l'urgence, qui a passé des jours sur une civière dans les couloirs ? On meurt régulièrement dans les urgences et autres lieux improvisés dans les hôpitaux au Québec à cause d'un manque flagrant de lits pour les soins palliatifs. On fait savoir aux plus mal en point qu'ils dérangent. S'ils veulent mourir à la maison, ils doivent payer et accepter de finir leurs derniers jours dans une situation tout à fait indécente. Ceux qui vont mourir dans un couloir d'hôpital, après une vie de travail, pendant que la Bourse bat tous les records, doivent se demander ce qui se passe au Québec. La liste d'attente est de 6 000 personnes pour la chirurgie dite « élective ».

Victor Hugo disait qu'ouvrir une école, c'est fermer une prison. Au Québec, on a cru bon couper drastiquement dans l'éducation ; jusqu'aux enfants qui manquent ces outils essentiels que sont les livres. Va-t-on laisser McDonald's, Wal Mart ou la Banque de Montréal fournir le matériel pédagogique ? On sait que ces compagnies sont à l'affût pour offrir du matériel et procéder à des conditionnements à leurs produits et à leurs valeurs[1]. Reniant l'énoncé de Victor Hugo, combien de prisons futures ouvrirons-nous par suite des dernières coupures dans l'éducation? Ce que nous avons épargné dans l'éducation, nous le paierons plus tard en manque à gagner par des citoyens privés de cet élémentaire moyen de réalisation de l'égalité des chances, sans lequel l'inégalité réelle est intolérable et sème le désordre. La vie devient une sorte de loterie. Ceux qui ont le bonheur d'être nés de parents fortunés ont accès à une éducation supérieure et les écoles privées deviennent les viviers d'une oligarchie intellectuelle trônant sur la masse sortie des écoles sous-financées. On n'a même plus les moyens d'appliquer la loi de la protection de la jeunesse. Pour un dollar épargné maintenant, on en paiera cent plus tard quand ces jeunes verseront dans la criminalité. Le pire, c'est que ces décisions, qu'on nous impose au nom de l'économie, sont de très mauvaises décisions d'un point de vue économique si on consent à regarder un horizon temporel plus lointain. Pourtant, l'État n'hésite pas à engraisser des multinationales en pérégrination à travers le monde pour les salaires les plus bas, les subventions les plus extravagantes, les impôts les plus insignifiants. Songeons à l'affaire Kenworth: l'argent arraché aux malades et aux enfants a été donné à une multinationale.

La nouvelle stratification sociale

Partout où le néolibéralisme s'implante, la stratification sociale change. Aux États-Unis, on retrouve trois nouvelles classes: la *knowledge class* (les *winners*), 4% de la population active la mieux payée qui gagne autant que 51% de ceux qui sont aux échelons inférieurs; les *working poors*, 20% des travailleurs salariés qui demeurent sous le seuil de la pauvreté malgré leur travail et les

---

1   Pour un exemple de ce comportement, voir Paul Ariès, *Les fils de McDo, La McDonalisation du monde*, L'Harmattan, 1997. Voir également Marie-Claude Malboeuf, « Les institutions financières investissent les écoles », *La Presse*, 14 mars 1998.

throw away people, 34 millions d'employés intérimaires dont bon nombre louables à l'heure et à 40 % d'escompte.

La stratification sociale a changé considérablement au Québec. Les affairistes dominent et sont présentés comme la crème de l'humanité. Les Bérard, Coutu, Lemaire, hissés au niveau des élus, sont conviés aux sommets socio-économiques délibérant sur notre avenir. Nous baignons dans une atmosphère de populisme *probusiness*, d'apologie des entrepreneurs présentés comme des dispensateurs de l'aumône de l'emploi. Les autres classes ont dû renégocier leur place en fonction de ce phénomène au fil des dernières années. Pensons aux syndicats, baignant dans cette philosophie sociale, qui ont oublié leur rapport de force, qui ont perdu leurs dents d'un coup sec et qui se sont transformés en « partenaires » au sommet économique. Le patronat, lui, continue à se faire les dents sur les syndicats. Dans le journal *Les Affaires* du 17 mai 1997, on pouvait lire : « La mise au pas des syndicats n'est pas étrangère au redressement de la Nouvelle-Zélande ». Les patrons, eux, n'ont jamais perdu de vue le rapport de force. Pensons aux travailleurs du secteur public, hautement considérés au moment où l'État québécois bâtissait et qui sont maintenant relégués au bas de l'échelle comme si leur travail n'avait aucune valeur. Les médias se plaisent à en faire les boucs émissaires de la colère des contribuables. On compare leur permanence d'emploi et leurs salaires aux employés non syndiqués du secteur privé comme si la précarité de ces derniers devait déterminer la norme pour l'ensemble des travailleurs. On parle de relance par la réduction des impôts comme si la dépense publique ne produisait aucun effet sur l'économie. Ils sont réduits au statut de coûts à éliminer. Les jeunes sont oubliés et doivent se rappeler au système par des actions d'éclat. Le recyclage des guenilles des riches est promu au rang d'économie « sociale ». On appelle ça le *workfare* par dérision envers le *welfare*.

Au Québec, même les personnes aptes au travail, qui devraient être bénéficiaires de l'assurance-emploi, sont inscrites à l'aide sociale, programme conçu essentiellement pour les personnes inaptes au travail. Pour les néolibéraux, ce sont des paresseux, ce qui les classe comme chômeurs « volontaires ». Pierre Fortin et

Pierre-Yves Crémieux dénombrent 200 000 personnes de plus bénéficiaires de l'aide sociale au Québec depuis la « réforme » fédérale de l'assurance-emploi en cours depuis 1990, un coût de 845 millions de dollars, radiées des livres d'Ottawa pour être inscrites dans ceux de Québec. Rodrigue Tremblay a trouvé une solution dans un néo-esclavagisme réservé aux jeunes. « Si l'État souhaite vraiment aider les travailleurs à bas salaires tout en fournissant des occasions d'emplois pour les jeunes à leur premier emploi, il devrait limiter la mesure du salaire minimum aux travailleurs plus expérimentés et plus intégrés dans l'entreprise[2]. » Au Québec, le gain hebdomadaire de ceux qui ont encore le privilège d'être salariés a reculé de 4,3 % de 1983 à 1995 pendant que le Produit intérieur brut (PIB) progressait de quelque 30 %[3]. Pourtant, le PIB du Québec vient de croître de 3,8 % en 1997 et les profits des compagnies, ces protégées de Bernard Landry, ont bondi de 17,3 %. Où est passée cette richesse ? Qui a absorbé les effets de la hausse de productivité ?

L'effet le plus spectaculaire de la philosophie néolibérale sur la stratification sociale concerne la jeunesse. On congédie à tour de bras pour faire régner la loi d'airain des profits privés, pour faire bondir la valeur des actions détenues par les régimes de retraite des aînés alors que les jeunes ont peine à trouver du travail. Le coût d'opportunité sociale de cette absurdité est gigantesque, mais il n'apparaît pas au budget courant ; alors, on laisse faire. Les néolibéraux blâment les jeunes ; ils auraient perdu l'éthique du travail ; ils ne s'intéresseraient plus aux sciences appliquées qui enrichissent les compagnies.

Le Québec verse maintenant dans la déréglementation en nommant, par exemple, Bernard Lemaire, amateur de barrages privés, à la tête d'un comité d'études à cet effet. On endosse même un aberrant droit de produire comme si cela pouvait être un droit à rang égal aux droits de la personne. Toutes ces privatisations, tous ces désengagements se font, non pas en vertu de calculs scien-

---

2 Rodrigue Tremblay, « Salaire minimum : comment éviter chômage et assistance sociale » *Les Affaires*, 13 décembre 1997.
3 Simon Langlois, *Québec 1997*, Fides, p. 34.

tifiques, mais en fonction d'une philosophie politique, le néolibéralisme, et de la glorification idéologique du marché dont nous devons traiter maintenant comme nécessaire point de départ. Réalisons comment nos représentations du monde sont influencées par la passion de s'enrichir d'une minorité qui contrôle un formidable appareil idéologique.

L'utopie néolibérale

Pour avoir les coudées franches, ceux qui occupent le dessus du panier économique doivent démontrer que l'économie fonctionne toute seule et qu'ils sont soumis à une force externe tournée vers le bien général. Ils doivent organiser le monde en fonction des valeurs qui les servent : ils doivent imposer la dictature du marché. Tout leur conditionnement idéologique consiste à démontrer que le laisser-faire, l'harmonie naturelle des intérêts, l'ordre spontané du marché conduisent à une situation idéale indépassable. Leur concept clé est celui de profit. L'utopie néolibérale nous présente le profit comme une sorte de quintessence de la civilisation, un instrument de régulation sociale qui permet de faire en sorte que les ressources de la collectivité soient affectées là où elles sont les plus utiles.

Le profit est plus qu'un concept comptable, sa justification est d'ordre cybernétique, c'est l'instrument qui nous informe à coup sûr du meilleur usage des choses. C'est un évangile qui dévoile l'idéologie de ceux qu'il sert. C'est un dérapage idéologique dont le dogmatisme n'est pas sans rappeler un dérapage intégriste de nature religieuse. C'est pourquoi dans la dialectique moderne, la classe affairiste tente toujours d'amenuiser la classe politique.

Par exemple, lorsque les multinationales réussissent à opposer entre eux tous les travailleurs de la terre pour ne plus offrir par endroits que le salaire de subsistance, les profits augmentent et cela signale un usage optimal des ressources pour les zélateurs de leur modèle. Les profits augmentent pendant que le marché du travail vire à l'emploi à temps partiel, à l'emploi précaire, au pigisme et au sous-contrat sans avantages sociaux. La belle cybernétique du profit nous a ainsi montré le meilleur usage des ressources. En effet, pourquoi créer des emplois permanents bien payés alors que des travailleurs accepteront de travailler dans des conditions précaires. Si le profit est un instrument de régulation sociale indépassable, cela entraîne que tout devrait être privatisé. Une folie à l'échelle de la société qu'on nomme rationalisation à l'échelle des compagnies.

La doctrine de la secte néolibérale agit à la façon du sacré : elle apparaît comme une métaphysique peuplée d'êtres imaginaires comme la main invisible, les lois du marché, l'harmonie naturelle, la concurrence pure, l'ordre spontané social, la théorie de la croissance économique par l'offre des riches, l'usage optimal des ressources par le marché, la justesse *a priori* du prix du marché, la supériorité présumée du secteur privé sur le secteur public, l'autodiscipline du marché dans les questions environnementales, l'impossibilité pour la publicité de créer des besoins, etc.

Nous ne sommes pas sans remarquer que le recours à l'ordre spontané du marché est commode pour contrer le désir de planification étatique, pour éliminer les impôts, la répartition et les réglementations, toutes instances créées pour empêcher les riches de s'enrichir paisiblement. Le présumé laisser-faire marchand n'est en rien un non-interventionnisme, un stade spontané de l'économie. Il est le résultat de la participation d'un immense appareil public, entre autres dans le domaine de l'éducation, qui fournit la main-d'oeuvre instruite aux entreprises privées. Est-il nécessaire de mentionner toute l'infrastructure et le système juridique veillant au respect des contrats privés ? Il est impossible de calculer dans la propriété de chacun la part qui est due à la coopération sociale et à l'action individuelle.

L'intérêt personnel réalise le bien commun

Le seul but de la société serait de permettre aux individus de réaliser leurs buts personnels. Qui réalise alors la société ? Personne. Ce serait un ordre spontané. À la base de la philosophie affairiste, se trouve un individualisme impénitent. Dans cette perspective, il est impossible qu'un homme puisse fonctionner autrement que par intérêt individuel. Le collectif n'est que la somme des petites luttes dérisoires pour l'enrichissement personnel. On ignore les motifs non économiques du comportement humain. Celui qui n'est pas en situation de rechercher son intérêt individuel devient apathique. Toute fonction publique, tout bien commun sont donc inefficaces par essence sans qu'il soit nécessaire de confronter ce jugement avec la réalité. L'intérêt commun, c'est l'intérêt de personne. Par contre, l'intérêt personnel serait-il le plus grossier, réalise l'intérêt commun.

Les hommes se sont toujours donné une représentation et une raison d'être de leur société. Les institutions sociales acquièrent une cohérence en fonction de cette représentation. Déjà, au quatrième siècle avant Jésus-Christ, Aristote avait défendu l'idée que l'homme ne s'aliène pas dans le service de la Cité, qu'il réalise sa nature du fait même de sa participation à la Cité. Il définissait l'homme comme un être naturellement incomplet qui ne peut atteindre son propre bien et se réaliser pleinement qu'en appartenant à une communauté. La Cité développe les vertus civiques, l'homme trouve toujours la société déjà là, la société juste fait les hommes justes. Il y a donc un devoir envers la Cité qui rejaillit positivement sur soi-même. La poursuite de l'intérêt strictement personnel nous rapproche de la nature animale, toujours selon Aristote. Il affirmait donc que la poursuite de l'intérêt général peut réaliser l'intérêt particulier.

L'homme est mis en demeure de trouver une signification au monde. Des hommes ont imaginé que la société pouvait se réduire à un marché. Pourquoi, nous disent-ils, inculquer un idéal social comme celui d'Aristote aux citoyens alors qu'un motif individualiste, une passion fondamentale naturelle, telle la recherche de l'intérêt personnel, fait très bien le travail de la régulation sociale ? La scolastique libérale défend l'idée que l'intérêt général se réalise par la poursuite de l'intérêt particulier, sans bienveillance mutuelle ni intériorisation de l'ordre social ou d'un idéal social dans la conduite des individus. La division du travail et la nécessité d'échanger occasionnent une interdépendance, si bien que la satisfaction personnelle passe par la satisfaction de l'autre.

L'amenuisement du politique

Dans l'utopie du libéralisme, l'ordre social est spontané, la société est autogérée, l'ordre résulte d'une harmonie naturelle des intérêts individuels. Le politique devient inutile : pourquoi introduire l'ordre du dehors si l'activité économique présente une cohérence interne et une absence d'effet pernicieux ? L'intégration dans la société moderne se fait par l'économie, par le travail. Le projet personnel est soumis à l'approbation d'autrui, rejoint le collectif via l'institution du marché. Dans le libéralisme, l'économie acquiert un caractère hégémonique, subordonne le politique et aménage le social. La rareté est gérée par le marché et la cybernétique des prix. Si la société fonctionne toute seule à partir d'un agencement des intérêts particuliers, les lois, les règlements apparaissent majoritairement comme de trop, en commençant par le droit social.

Nos politiciens reprennent et récitent pieusement les paroles de cet évangile intégriste-affairiste. Il n'y a pas de problèmes purement économiques, pourtant on opère ce réductionnisme. Le premier ministre Bouchard s'inspirant du credo néolibéral déclare que l'indépendance est impossible sans le déficit zéro proportionnant notre statut de peuple à la hauteur des cotes de crédit. Cela est indigne d'un homme d'État. On ne fait qu'ajouter à la marée de matière oiseuse générée par les économistes de banques, les chambres de commerce, les instituts, tel le Fraser Institute, financés par les affairistes. Bernard Landry est plus précis : « Notre avenir, dit-il, passe par Wall Street ». Confondant culture et nature, subjectivité et déterminisme, M. Parizeau déclarait que « L'État n'a pas d'affaire dans le commerce. (...) L'État laissé seul agit mal »; il ne faisait aussi que répéter la vieille litanie de l'intégrisme-affairiste. L'État devrait être omniprésent dans les machines à poker, les casinos et toutes les lotos aliénantes, exploiteuses des espoirs, qui se multiplient et qui s'insinuent dans toutes les activités d'une masse de gageurs, qui s'en remettent au hasard pour s'en sortir, mais il ne pourrait être présent dans les affaires productives et rentables.

Quand le maire de Montréal réunit des gourous patronaux en comité de « sages » pour qu'ils se partagent les biens publics, notamment l'eau, les parcomètres, le stationnement, la gestion des immeubles, il sacrifie lui aussi au petit rite fondamentaliste de la supériorité présumée de l'intérêt individualiste. Le Parti québécois nous dit avoir perdu le référendum aux mains des forces de l'argent, celles entre autres de Matthew Barrett de la Banque de Montréal et de Laurent Beaudoin de Bombardier ; mais il réagit en convoquant des affairistes et des banquiers comme Jean Coutu et André Bérard, le Conseil du patronat, les chambres de commerces, les courtiers et les distributeurs de cotes de crédits dans des sommets économiques afin de définir l'avenir du peuple québécois. Pour l'establishment financier et industriel, la création d'un pays ne vaut pas le risque d'une variation temporaire dans les taux d'intérêt. Une petite élite bourgeoise d'origine affairiste qui traîne toujours dans les couloirs de la république a perpétuellement l'oreille du gouvernement. Pas étonnant que l'on démissionne devant l'aberrante fiscalité des entreprises et des bien nantis.

L'État, prédéterminé à être minimal ?

Le résultat d'un imaginaire social est présenté comme un déterminisme strict. À quelle essence des choses se réfèrent les politiciens, en vertu de quelle rationalité, de quelle vérité révélée serait-il impossible à la collectivité de commercer à travers l'État ? La relation de l'homme aux choses a-t-elle un caractère prédéterminé ? Même le droit de propriété privée est une création toute humaine. Pourquoi l'État devrait-il se borner aux seules activités que le marché a négligé, n'y trouvant pas une rentabilité suffisante ? En vertu de quel « en-soi » les activités rentables doivent-elles passer obligatoirement par la constitution de fortunes privées ? Nous entrons dans l'ère du régime globalitaire à pensée unique. Les groupes financiers s'internationalisent, la libre circulation des capitaux fait qu'ils disposent d'une force de frappe qui met les États à genoux. La croissance ne crée plus de travail, elle enrichit une minorité qui s'est emparée de la technologie et de la hausse de productivité qui en résulte. C'est là s'asseoir sur une bombe à retardement; on crée une impasse pour 20 % de la population qui ne verra plus le moyen de s'en sortir que par le recours à des moyens désespérés. Les économistes, notamment ceux des banques, continuent d'invoquer des modèles dont la pseudo-exactitude des chiffres est acquise au prix d'un oubli de la plus grande partie de la réalité.

Les économistes nous parlent d'« effets d'éviction »: l'investissement de l'État s'accompagnerait d'une baisse de l'investissement privé, les entreprises ne trouvant plus de projets. Pourquoi l'État ne devrait-il entreprendre que ce qui ne se fait pas spontanément sans lui ? Pourquoi l'État serait-il par définition un intrus dans une activité rentable, pourquoi ne peut-il pas constituer un bien commun en entreprises, un fonds solidariste pour compenser les risques et les ratés bien réels du capitalisme ? Pourquoi les charges sont-elles publiques et les profits sont-ils privés par essence ? Cette idéologie de l'État minimal est toute culturelle, historique et relative; elle ne représente pas une vérité en soi. Elle n'est déclaratoire d'aucune ontologie, mais d'une façon toute relative d'aborder le rapport de l'homme aux choses. Il n'y a pas, par essence, un type absolu d'État, un partage prédéterminé des activités publiques et privées. Toute privatisation est présentée comme bonne en soi, comme un sain combat contre l'éradication de la société bureaucratique. Mais, ce faisant, on oublie l'aspect rétro du phénomène, on radie des mémoires les conditions historiques qui avaient entraîné l'intervention de l'État.

Nous pensions que le Québec, en voie de devenir un pays, poursuivait un idéal de patrimoine collectif, mais le bien public y est, là comme ailleurs, défini exclusivement comme la portion congrue qui n'intéresse pas le secteur privé. On peut mesurer la consommation de l'eau dans les foyers, l'eau devient un bien privé; on peut identifier l'usager des routes avec une nouvelle puce électronique, les routes deviennent un bien privé. Les gouvernements intoxiqués par l'idéologie néolibérale ont perdu le sens du patrimoine collectif. Sans bien commun, qu'est-ce qui transforme une foule bigarrée en un peuple ? Faudrait-il éprouver un sentiment d'appartenance envers les futurs barrages de SNC-Lavalin, l'eau de la Lyonnaise et les rues de Bombardier, les hôpitaux et les écoles transformés en occasions d'affaires? Quel intérêt y aura-t-il à s'agréger à un peuple qui ne possède comme patrimoine collectif et institutions que l'État minimal des néolibéraux? Quel intérêt y aurait-il à aller voter dans l'État minimal borné à des fonctions de protection de la grande propriété privée?

Un peu d'histoire: le début du virage vers le privé

Le virage a véritablement été pris à l'arrivée des conservateurs au pouvoir à Ottawa en 1984. Évidemment, les conservateurs canadiens ne faisaient que suivre le courant du thatcherisme qui sévissait déjà depuis 1979 en Grande-Bretagne, et du reaganisme qui s'était installé en 1980 aux États-Unis, qui avait réduit les impôts uniformément de 25% favorisant ainsi les riches et converti le budget de la guerre à la pauvreté en un budget de guerre des étoiles. Le taux d'imposition des corporations y était passé de 46% à 34% en 1986, déclenchant une logique de défiscalisation pour attirer les multinationales. Les conservateurs canadiens partageaient le même credo à l'effet que l'État doit faire place le plus possible au vivifiant marché.

Un populisme de droite *probusiness* exigeait le démantèlement de l'État keynésien, mais aussi la déréglementation, la réduction des syndicats, la baisse des impôts des compagnies, la révision à la baisse des programmes sociaux, la baisse drastique des dépenses publiques, etc. L'utopie du marché multipliée par dix par le libre-échange avec les États-Unis gagnait aussi du terrain. Il faut dire toutefois que le mouvement de privatisation touchait plusieurs pays européens.

La théorie en vogue était le monétarisme de Milton Friedman qui limitait l'intervention de l'État dans l'économie à faire varier la masse monétaire ainsi que la théorie de l'offre qui affirmait que c'est l'offre qui crée la demande. L'investissement se nourrit des épargnes; or, ce sont les riches qui épargnent, il faut donc réduire les impôts des plus riches. L'emploi est perçu comme une aumône de la classe possédante. On se rappellera que Keynes disait à peu près le contraire. Il préconisait de relancer l'économie et l'emploi en stimulant la consommation. Il vaut mieux augmenter les revenus des gens moins fortunés, car ce sont eux qui auront le plus tendance à consommer, les riches ayant déjà le superflu.

Le ministre de l'Industrie du Parti conservateur annonçait en matamore idéologique que la Corporation de développement des investissements du Canada serait mise en vente. Un comité de désaississement formé d'hommes d'affaires fut mis sur pied. Évidemment, ils se payèrent la traite : trois d'entre eux venaient du groupe Brascan qui prit le contrôle de compagnies mises en vente. Cela n'est pas sans rappeler le Comité des « sages » du maire Bourque formé d'hommes d'affaires qui ont conclu de privatiser l'eau, les stationnements et tous les équipements municipaux avec lesquels il est possible de faire la passe aux dépens du peuple.

Au fédéral, cela incluait Téléglobe compagnie internationale de communications par satellite, Canadair et De Havilland dans l'aéronautique, Eldorado nucléaire ltée oeuvrant dans l'uranium. Le gouvernement participait dans des sociétés via la Corporation de développement Canada, une société d'investissements au service d'une politique de canadianisation. Ces sociétés allaient être soumises à la « vitalité du marché, à la bienfaisante concurrence ». Les actions détenues dans les Arsenaux canadiens ltée, dans la Société des transports du Nord ltée et dans Massey-Ferguson, une multinationale canadienne oeuvrant dans l'équipement agricole, allaient aussi être liquidées[4]. Par contre, la conjoncture amena le gouvernement à investir dans Petro-Canada. Ce fut un *party* de liquidation cas par cas en absence de toute politique industrielle. La vente de Téléglobe s'est faite sans élaboration d'une politique de télécommunications. Un groupe de travail fut mis sur pied et chaque ministre y allait de son initiative personnelle dans l'encan afin de retirer du prestige du processus de liquidation. Certains parlent d'une symbiose entre la classe politicienne et la classe affairiste qui prédispose les hommes politiques à la prostitution. Ils soupçonnaient nos politiciens de

---

4 Lizette Jalbert, Laurent Lepage, dir., *Néo-conservatisme et restructuration de l'É-tat*, PUQ, 1986, notamment Jeanne Kirklaux, « Virage du capitalisme d'État au Canada », pp. 159-181.

préparer une deuxième carrière dans l'administration et le conseil aux compagnies après leur « carrière politique »; ils n'auraient pas intérêt à s'opposer au lobbying des compagnies pendant leur première carrière afin de se réserver une belle sortie, avant d'aller s'agglutiner à la classe des *managers* de grandes corporations qui écument l'argent du peuple par l'intermédiaire des conseils d'administration comme le font les cadres des banques. C'est ce qui se passe dans l'armée canadienne où les hauts gradés finissent leur carrière dans les conseils d'administration des fabricants d'armes. Conrad Black y est officier honoraire.

Plus récemment, ce fut à Petro-Canada, Air Canada et au Canadien National d'y passer. Le premier ministre du Canada est allé en 1995 prendre une leçon d'économie en Nouvelle-Zélande où le taux de chômage a triplé depuis les réformes. Il nous ramène de là un exemple de l'efficacité du privé; la privatisation d'une société de chemin de fer qui aurait réduit de plus de la moitié son personnel. Là, comme dans le cas du CN privé, les lignes les moins « rentables » sont éliminées ce qui équivaut à la fermeture des régions.

La privatisation des services publics dissimule souvent une hausse de taxes et une liquidation des emplois syndiqués. La facturation privée des services publics ne sera pas accompagnée d'une diminution des impôts. Comme le service privatisé sera facturé par une entreprise, l'opération équivaudra à une augmentation d'impôt dissimulée, surtout que l'entreprise privée désire s'enrichir au passage et aller investir ses profits ailleurs que dans les services publics et ailleurs qu'à Montréal et en dehors du Québec. En fait, la privatisation est la façon certaine de s'appauvrir collectivement, car les profits des compagnies ne sont plus sous le contrôle de personnes élues. Ils vont d'ailleurs souvent s'investir en dehors de la région affectée par la privatisation ou même en dehors du pays. Ce serait sûrement le cas de l'eau privatisée aux mains de multinationales.

L'État-provigo

Au Québec, la vente de garage commença avec les libéraux et l'ineffable Robert Bourassa qui formèrent, en 1986, le comité Gobeil composé d'une poignée d'hommes d'affaires, qui s'étaient affublés du titre de « comité des sages » et dont la mission était de liquider le patrimoine en entreprises du gouvernement. Il s'agissait bien de la sagesse des riches puisque ce comité partial comportait deux banquiers, Michel Bélanger, président de la Banque Nationale et Yvon Marcoux, vice-président de la Banque d'Épargne, des présidents de compagnies dont Pierre Lortie, président de Provigo qui avait présidé la Bourse de Montréal. Le tout était chapeauté par Paul H. Gobeil sans compter Jean-Claude Rivest, le conseiller de Robert Bourassa. Il y avait bien aussi un ministre délégué à la privatisation, Pierre Fortier.

Dès le début, ce parti inféodé aux affairistes, déclara que la priorité était de reforcer la structure économique du Québec. L'objectif d'obtenir un bon prix à la vente des sociétés d'État était subordonné à celui de créer un climat de confiance pour l'entreprise privée afin de permettre l'émergence d'entreprises dynamiques qui prendraient la place de l'État. Autrement dit, on allait pratiquement donner le bien public à la classe affairiste qui est toujours en symbiose avec le Parti libéral. On a forgé une classe de millionnaires instantanés en leur bradant les biens publics. Plusieurs de ces opportunistes tournèrent mal d'ailleurs.

Pourtant, au Québec, l'entreprise privée a été mise au monde par l'État. Provigo est l'enfant de la Caisse de dépôt, la Société générale de financement a sauvé la pétrochimie, la Société de développement industriel a sauvé nombre d'entreprises, Cascades et de nombreuses entreprises sont nées du Régime d'épargne-actions (RÉA). Soixante-dix pour cent des personnes gagnant plus de 100 000 $ participaient au REA contre seulement 6 % de celles qui gagnaient entre 30 000 $ et 40 000 $. Combien d'entreprises vivent des commandes de l'Hydro-Québec et de son électricité à bon marché ? Évidemment, cette sorte d'hommes voués à l'individualisme possessif et réfutant la dimension sociale de la propriété, ne pouvaient aboutir à d'autres recommandations que celles de privatiser tout ce qui pouvait être rentable. On avait appelé leur projet l'*État-provigo* par dérision envers cette liquidation de l'État-providence, ce putsch contre le patrimoine commercial et industriel collectif constitué pendant la Révolution tranquille. Les rapports furent déposés à l'intérieur d'une période de quinze jours, le sort de grandes sociétés d'État était scellé en quelques lignes. Ce ne fut que l'étalement de l'idéologie de la classe possédante, la récitation du credo de la supériorité *a priori* de la propriété privée, une foire vouée à l'individualisme possessif. Il y a bien eu aussi cette autre manifestation d'aliénation que fut le Rapport Scowen qui recommandait de faire percevoir les impôts du Québec par le gouvernement fédéral pour épargner des frais, d'effacer la SDI au profit de la Banque fédérale de développement. Donner notre argent aux autres pour aller ensuite le quêter. Au sein de ces comités, c'était à qui allait le plus loin dans l'aplatventrisme, chaque privatisation étant un trophée à exhiber à ses amis affairistes, ses futurs collègues des conseils d'administration.

Le peuple du Québec s'était donné plusieurs instruments de développement afin d'être véritablement maître chez lui. Pensons à la Société générale de financement (SGF), la Société québécoise d'exploration minière (SOQUEM), la Société québécoise d'initiatives pétrolières (SOQUIP), la Société de récupération, d'exploitation et de développement forestier du Québec (REXFOR), la Société québécoise d'initatives agro-alimentaires (SOQUIA), Sidbec, la Société nationale de l'amiante, Madelipêche, la Société des établissements de plein-air du Québec (SEPAQ). Le Comité des sages recommandait en 47 pages de tout privatiser. Voilà de quoi serait composée la vente de garage des libéraux. On mettait aussi dans les offrandes aux compagnons idéologiques, Radio-Québec, la Régie de la Place des Arts, le Centre de recherche industrielle du Québec, etc.

La vente de feu réelle et potentielle

Les rapports de 1986 recommandaient aussi la privatisation des monopoles publics tels Hydro-Québec, la Société des alcools du Québec, la Caisse de dépôt et de placement du Québec, la

Commission de la santé et la sécurité du travail, Loto-Québec et la Régie d'assurance-automobile du Québec. Des articles de ce recueil traitent de ce que signifieraient ces privatisations.

Par exemple, la Société des alcools est une des cibles favorites des affairistes. Qu'il suffise de dire pour l'instant que la SAQ a rapporté 6,5 milliards de dollars en taxes et recettes fiscales en dix ans dont 4,7 milliards au gouvernement québécois. Elle a réalisé 3 milliards et demi de profit depuis dix ans et elle a distribué une somme équivalente en dividendes à son seul actionnaire, le gouvernement du Québec. Les expériences faites ailleurs aux États-Unis, en Alberta ont invariablement démontré que la population et les gouvernements seraient perdants dans cette privatisation. Il est évident que le premier geste posé par les entreprises privées serait une demande de réduction des taxes sur l'alcool dans le cas du lobby de l'industrie du tabac. Par contre, pour les affairistes la privatisation serait l'équivalent d'un nouvel Eldorado. C'est pourquoi il faut comprendre que ce dossier ne sera jamais fermé. On nous dit que la prise en charge par le privé générerait des investissements. Mais il n'y aurait qu'un effet de substitution, les distributeurs privés plaçant simplement les nouveaux produits sur leurs tablettes. Par contre, la masse salariale chuterait causant une baisse dans la demande globale au Québec.

Un autre article traite de l'invraisemblable privatisation du Mont-Sainte-Anne, une partie du territoire québécois bradée pour une bouchée de pain au nom du même dogme néolibéral. Le Père Noël des riches a pris cette fois la forme du libéral André Bourbeau. Pourtant, alors qu'il était aux Affaires sociales, il avait persécuté les assistés sociaux allant jusqu'à faire fouiller leur panier à linge sale par ses « boubou-macoutes » pour monter des preuves de cohabitation. Son esprit d'économie dans les petites choses ne l'a pas empêché, une fois devenu ministre des Finances, de faire un cadeau de 22 millions de dollars au grand bourgeois Désourdy et à un groupe américain dans l'affaire de la « privatisation » du Mont-Sainte-Anne. Les péquistes auraient dû annuler la vente immédiatement en arrivant au pouvoir. Au lieu de cela, ils confient l'étude du cas à un bureau de comptables, Coopers & Leybrand, qui s'affiche dans sa publicité comme le champion mondial de la privatisation. Rappelons que c'est un autre bureau de comptables (KPMG) qui avait fourni au ministre Bourbeau une évaluation du Mont-Sainte-Anne extrêmement basse issue d'un scénario économique catastrophiste. À croire ce rapport, il n'allait plus neiger au Québec. Naturellement, étant donné la subjectivité de ces évaluations, ces comptables avaient produit ce qu'on attendait d'eux à l'intérieur d'une politique de privatisation à tout prix. Le ministre Bourbeau avait sauté sur l'occasion pour justifier publiquement sa décision de vendre ce patrimoine québécois pour des *pinottes*. Le rapport annuel de la Sépaq a effectivement montré, par la suite, une perte comptable de 45 millions de dollars pour le peuple québécois dans cette vente de feu à base idéologique. Et il a continué de neiger au Québec et les centres de ski n'ont jamais fait autant d'argent depuis.

Mais la campagne électorale de 1994 battait son plein et le Parti libéral se préparait à faire un autre legs à ses alliés traditionnels affairistes dans son élan de contre-révolution tranquille. Le peuple allait bien involontairement faire l'aumône à une multinationale. L'application du dogme néolibéral amena cette fois ce qui tenait lieu de gouvernement à pratiquement donner Sidbec-Dosco. En août 1994, le ministre Bourbeau et son chef Robert Bourassa dilapidèrent ce patrimoine national au prix ridicule de 45 millions de dollars. Pour l'année terminée le 31 décembre 1994 seulement, Sidbec-Dosco réalisa 60,5 millions de profits. Le gouvernement devait bien en être au courant puisque la vente a eu lieu en août 1994. L'année suivante, le profit grimpa à 103,8 millions. La raison de cette hausse de profit est une réorganisation qui avait déjà été accomplie au moment de la vente. Encore une fois, le Père Noël était passé en plein été et les étrennes offertes avec l'argent du peuple allèrent à ISAT International, une multinationale qui réalise deux milliards de chiffres d'affaires et qui a des filiales aux États-Unis, au Royaume-Uni, au Mexique, en Irlande, etc. Les compressions dans les programmes sociaux se préparaient et les « boubou-macoutes » continuaient de fouiller les paniers de linge sale des bénéficiaires de l'aide sociale. Comme quoi le dicton voulant qu'on ne donne qu'aux riches s'est encore une fois matérialisé. Le Parti québécois, qui avait promis de revoir la transaction, n'a pas annulé cette aberration.

Un autre article traite du retrait de l'État en faveur du privé dans le cas de Radio-Québec. Dans le programme de liquidation des équipements collectifs, dans le cartable des *probusiness* se trouvait aussi Radio-Québec. Cette fois-ci, c'était au paradoxal gouvernement du Parti québécois de trouver exagérés les 2,4 ¢ par jour et par habitant que coûtait Radio-Québec au peuple québécois. C'était trop, même compte tenu de la position minoritaire des francophones en Amérique du Nord et de l'hégémonie de la culture américaine. C'était trop, même compte tenu de la formidable concentration dans la propriété des médias au Québec. René Lévesque disait: *Pour un petit peuple comme le nôtre, sa situation minoritaire dans un continent anglo-saxon crée déjà une tentation permanente de ce refus de soi-même, qui a les attraits d'une pente facile au bas de laquelle se trouverait la noyade confortable dans le grand tout[5]...*

La prise de contrôle par des entreprises privées des moyens d'éduquer et d'informer conduit à une marchandisation de la culture: la civilisation se détermine dans les conseils d'administration selon les critères esthétiques des affairistes essentiellement conservateurs, tournés vers l'efficace et l'élitisme. Les artistes et artisans devenus pigistes ne pourront plus faire contrepartie au pouvoir des marchands, ils devront faire de l'art rentable. Il faudra faire de la cote d'écoute et nourrir les revenus publicitaires. La privatisation de la production n'épargnera pas un sou; le peuple continuera de payer via les crédits d'impôts accordés aux entreprises privées. Sauf que l'intrusion des commanditaires privés entraînera un fonctionnement basé sur les cotes d'écoute. Compte tenu des réalités vécues par le peuple québécois, la décision de remettre la production interne d'émissions télévisuelles à des entreprises privées apparaît paradoxale. C'est une autre décision idéologique, une application du dogme néolibéral. Dans la sociologie néolibérale du travail, on élimine les emplois perma-

---

5   René Lévesque, *Attendez que je me souvienne*, Québec-Amérique, 1986, p. 298.

nents en faveur du pigisme ou du recours aux sous-contractants. Un rendement plus grand sera obtenu de pigistes ne disposant d'aucune sécurité d'emploi, se disputant des honoraires contrat par contrat, toujours prêts à travailler au plus bas prix afin d'obéir à une rationalité économique robotisante. C'est la règle de l'usage maximum du matériel humain ou du salaire de subsistance.

Laisser Hydro-Québec fonctionner uniquement selon les lois du marché voudrait dire, à la limite, que les Québécois pourraient manquer d'électricité parce que les Américains seraient disposés à payer plus cher. Chaque Québécois possède un actif de 5 000 $ dans son bilan. Il s'agit de sa part de l'actif d'Hydro-Québec. Sera-t-elle privatisée un jour ? Personne n'a les reins assez solides pour l'acheter, à moins qu'on la donne comme le reste ou que le gouvernement finance lui-même sa propre disparition par la Caisse de dépôt. Les pseudo-entrepreneurs pourront alors repayer le gouvernement à même les profits réalisés par une Hydro privée. Évidemment, une hausse des tarifs privés de 30 % aiderait à constituer une plus-value. Nos pseudo-entrepreneurs pourraient alors se retourner de bord pour vendre à des Américains et encaisser la plus-value. C'est déjà commencé avec la sous-traitance, la cogénération et la construction des petites centrales privées qui ont été accordées aux petits amis bien « connectés » au Parti libéral. On passera ensuite à la privatisation de la distribution. La privatisation à la pièce prépare l'opinion publique et rendra la privatisation totale politiquement faisable. La vraie question est : doit-on continuer de privatiser ? Le vice-premier ministre Bernard Landry a toujours en poche un projet de privatisation de 49 % des actions de l'Hydro-Québec qui a tout de même fait 3,1 milliards de dollars de profits au cours des cinq dernières années, malgré les tarifs privilégiés dont bénéficient les Québécois et les entreprises. Il faudra surveiller d'où viendra le financement des nouveaux projets aux Chutes Churchill, qui augmenteront la valeur potentielle des actions d'Hydro-Québec.

À la Ville de Montréal, les maires n'allaient pas être en reste envers leurs grands frères du fédéral et du provicial. Un événement, survenu à la fin de février 1997, a bien traduit le ras le bol du peuple devant la dilapidation des biens publics. Plus de mille personnes, anticipant ce qui est en train de se décider en coulisses, se sont réunies à l'UQÀM pour affirmer leur opposition à la privatisation de l'eau. Cela n'a pas empêché la Ville de recevoir une déléguation de la Générale des eaux au cours du mois de mars 1997. Le maire Bourque, par mimétisme ou par foi dans la scolastique néolibérale, a voulu aussi avoir son comité de sages *businessman*. Des gourous patronaux réunis en comité de « sages » discutent du partage des biens publics, notamment de la privatisation de l'eau. Une bande d'affairistes que l'on présente comme de bons samaritains ont formé ce que l'on pourrait appeler le conseil municipal parallèle. Sentant la présence d'un faiblard à l'Hôtel de ville, ils se sont chargés de combler le vide à leur avantage. Ce sont des samaritains aussi réputés qu'André Desmarais de Power Corp., Guy Saint-Pierre de SNC-Lavalin, Serge Saucier de Raymond Chabot Martin Paré (RCMP), André Caillé alors chez Gaz Métro, Léon Courville de la Banque Nationale, Jacques Bougie d'Alcan, Brian Levitt d'Imasco, Paul Tellier du CN, Raymond Cyr de Bell, etc. En tout, vingt hommes d'affaires sans parler des représentants des chambres de commerce. Le Comité de sages du maire Bourque avait découvert tout à coup qu'en matière d'attribution des contrats publics, l'appel d'offre n'était plus utile. Ce groupe pouvait-il conseiller objectivement le maire et les fonctionnaires sur les privatisations alors qu'ils y avaient un intérêt direct ? Ils sont venus dérouler leur cassette habituelle. Il est évident qu'ils ne pouvaient recommander autre chose que la privatisation ou la sous-traitance avec le privé aux dépens des employés municipaux permanents.

Les principaux conseillers du maire se sont rendus en France rencontrer les multinationales de l'eau bien avant de rendre publique l'intention de privatiser. En France, il ne reste que 25 % des villes qui contrôlent leur eau. À Paris, depuis la privatisation de 1984, le prix de l'eau a augmenté de 154 % alors que la hausse générale des prix ne fut que de 39 %. En Angleterre, les conservateurs de Mme Thatcher ont vendu les compagnies publiques d'eau dans la décennie 1980, lors de la vague d'hystérie néolibérale. Résultat, en France le système public coûte 30 % de moins et les compagnies privées s'engraissent outrageusement. Les parents en sont rendus à réprimander les enfants pour ne pas qu'ils se salissent ou qu'il tirent la chasse d'eau. La facture d'eau est devenue un cauchemar. Les villes sont légions à vouloir revenir au système public maintenant que les écailles leur sont tombées des yeux. Trop tard, ils ont signé des contrats à long terme, bercés par les beaux mots d'économie et d'efficacité. La privatisation des services municipaux fera de nous des clients captifs face à des monopoles, bien souvent étrangers, qui déplacent leur capital à travers le monde. Subsumer la satisfaction de besoins essentiels selon la logique de la maximisation des profits d'une entreprise privée relèverait d'une naïveté coupable. Nos taxes destinées à créer un bien commun partiront à l'étranger sous forme de profits et dividendes pour financer des activités sur lesquelles nous n'aurons aucun contrôle et que peut-être même nous désapprouverons. Par contre, l'argent recueilli par le pouvoir public demeure sous notre contrôle via celui que nous exerçons sur les élus.

Il faudra parler aussi de la grosse farce néolibérale tragico-comique qu'est la privatisation du stationnement. Stationnement de Montréal, une filiale de la Chambre de commerce du Montréal métropolitain, après avoir mis la main sur les parcomètres, en a augmenté le nombre de 2 500 pour porter le total à 14 500 profitant de sa clientèle captive. La filiale de la Chambre de commerce demandait d'augmenter à nouveau le nombre de parcomètres de 1 620 en février 1997. Les parcomètres envahissent les rues avoisinant les secteurs commerciaux comme des colonies de champignons géants. Le tarif a également augmenté de 50 %. La rapacité est telle que la filiale se proposait de creuser un stationnement sous le Square Philips au coût de 12 millions de dollars. On voulait former une société en commandite avec Grand Travaux de Marseille, une filiale française de la Lyonnaise des eaux. Selon toute vraisemblance, la conception et la réalisation devaient être confiées à Janin Construction, une filiale de GTM depuis 1955. Donc, les profits devaient partir à l'étranger. Seule l'extravagance du projet a alerté suffisamment l'opinion publique pour qu'on y renonce.

Les effets pervers du marché

Le néolibéralisme masque volontairement les échecs et les effets pervers du marché. Ce sont des apôtres de l'indépassabilité du marché, de la déréglementation et de la mondialisation fétichée. Quand les néolibéraux admettent les effets pervers du laisser-faire, ils continuent de nier le rôle de l'État en faisant appel à la charité, personne n'ayant été injuste en suivant les règles du marché. L'État devrait observer les désastres de façon détachée comme les astronomes observent les astres, sans possibilité d'intervenir. Les prix devraient gérer la rareté avec efficience, les prix augmentant avec la rareté. Les dernières morues du golfe étaient-elles plus cher que les premières? On dira que les agents économiques n'avaient pas cette information. Bien non, on va jusqu'au bout de la ressource comme il se doit dans une société de marché fondée sur la poursuite de l'intérêt strictement personnel. Partout, à travers le monde, une fois les ressources épuisées, le capital anonyme ne fait que se déplacer vers un autre site à exploiter.

L'intervention exige de porter un jugement sur ce qui est bon ou mauvais. Ce n'est pas un fait objectif du monde, mais un jugement de valeur. Voilà l'insulte suprême de nos petits économistes néolibéraux: se faire traiter de normatifs. Pourtant, ils sont normatifs en postulant que le libéralisme est bon en soi. Considérons, par exemple, le gigantesque gaspillage de la crise asiatique, qui est une crise de surproduction fondée sur une absence d'examen sérieux des débouchés potentiels. Si des sociétés d'État faisaient de pareilles gaffes, la classe affairiste en appellerait à la révolution. En Asie, on a investi de façon colossale dans l'immobilier, on a hypertrophié les institutions financières, on a réalisé des projets pharaoniques dans l'agro-industriel tout en détruisant les conditions d'existence de la paysannerie traditionnelle et l'environnement. Les multinationales et les capitaux des banques commerciales américaines, européennes et nippones affluaient, les conglomérats industriels se sont surendettés, tous attirés par des gouvernements qui maintiennent énergiquement l'ordre, qui réglementent au minimum, qui contiennent les salaires à des niveaux très bas et qui ignorent le concept de justice sociale et les coûts qui en découlent. De plus, on a fermé les yeux sur la grande corruption en autant que cela rapportait. Le Dow Jones, qui est basé sur la valeur au marché des actions des grandes multinationales américaines, et qui est en quelque sorte l'indice de la capacité d'agression des multinationales américaines, pétait le feu.

Le marché financier sert de moins en moins à la levée de fonds nécessaire à financer de nouvelles capacités de production : les boursicoteurs s'échangent 120 $ en spéculation pour chaque dollar dirigé vers l'investissement réel en usines, machines, etc.[6] Les employés du Ontario Municipal Employees' Retirement Fund ont découvert que les fonds de leur régime de retraite étaient investis dans des cliniques et laboratoires privés en même temps qu'ils protestaient contre les privatisations dans le secteur de la santé. Les caisses de retraite d'employés, en exigeant aveuglément le meilleur rendement d'où qu'il provienne, financent le déménagement de compagnies vers des pays à main-d'oeuvre bon marché. Les travailleurs, devenus actionnaires via leurs fonds de pension, font régner la loi d'airain du profit sur d'autres travailleurs-actionnaires qui font de même et le système s'autoconstruit. Rosaire Morin a démontré, à l'étonnement général, que les Québécois exportent leurs épargnes à coups de centaines de milliards[7]. En réalité, nous sommes probablement tous actionnaires, plus ou moins directement, d'une fabrique d'armes, d'une compagnie qui détruit l'environnement ou dont les pérégrinations à travers le monde a pour but la recherche du profit en payant le salaire de survivance. Nous construisons progressivement la société de marché sans État, sans planification organisée, obéissant au seul profit comme norme abstraite, comme nouvelle volonté générale, comme régulateur économique. Le casino capitaliste réside dans un système qui brouille le réseau de causalités et qui fonctionne uniquement avec le profit comme norme ultime de la collaboration humaine. Il en

---

6 John Dillon, *Turning the Tide, Confronting the Money Traders*, Centre canadien de politiques alternatives, 1997, p. 21.
7 Rosaire Morin, « La déportation québécoise », *L'Action nationale*, vol. LXXXVI, n° 8, octobre 1996.

résulte une grande liberté pour les entrepreneurs, mais l'ordre social y est un reliquat. Or, ce reliquat n'est pas nécessairement ce que l'on souhaite, il en résulte un ordre spontané.

Les capacités de production excédentaires (un tiers en Corée du Sud) déclenchent naturellement des guerres de prix (déflation) dans un effort de survie et multiplient les faillites, etc.[8] Les capitaux étrangers fuient, les banques sont entraînées vers la faillite par de grosses créances irrécouvrables. Le néolibéralisme ne peut plus alors aller jusqu'au bout du non-interventionnisme ; plutôt que de risquer la crise, le Fonds monétaire international intervient pour éviter l'effet domino sur les sociétés occidentales et prête des milliards aux gouvernements en exigeant l'austérité budgétaire, l'annulation des projets étatiques, les licenciements, les nouvelles baisses de salaires. La baisse des dépenses publiques et des salaires tuent la demande intérieure, et c'est le cercle vicieux. Les gouvernements secourent les banques avec l'argent du peuple, alors que les multinationales ont encaissé outrageusement pendant les beaux jours, en vertu du principe de la socialisation des pertes et de la privatisation des profits. Avons-nous mentionné que cette surproduction se produit pendant que la faim dans le monde progresse ? Évidemment, les entreprises privées en guerre économique mondialisée ne s'intéressent qu'à la demande solvable. C'est le premier article du code néolibéral.

Un autre élément viendra créer d'immenses pressions pour éliminer les sociétés d'État. Il s'agit de l'Accord multilatéral sur l'investissement (AMI). Personne n'en a discuté démocratiquement, des éléments déterminants pour la civilisation se font dans notre dos. Un des aspects du néolibéralisme est la radiation de la démocratie via le retrait des pouvoirs aux États. Vingt-neuf pays de l'OCDE le négocient depuis 1995. S'ils s'entendent, et ils s'entendront un jour plus ou moins lointain, l'AMI sera la charte des droits des multinationales, leur troisième Reich, celles-ci dicteront leur volonté aux États, aux peuples. Les lois nationales

---

8 François Chesnais, « Tempête sur l'économie mondiale. La face financière d'une crise de surproduction », *Le Monde diplomatique*, février 1998.

seront subordonnées au respect des règlements de l'AMI, un véritable verrou juridique qui annihile la souveraineté nationale[9]. Les pays ne pourront plus rien faire pour discriminer positivement leurs entreprises nationales; ils seront traînés devant un tribunal national.

Un autre effet pervers sur lequel on passe l'éponge est l'insécurité du non-projet social néolibéral qui se manifeste dans la désalarisation, l'externalisation des employés, la disparition progressive de l'emploi permanent à plein temps. Une kyrielle de maladies liées au stress de perdre son travail sont maintenant identifiées. Sans parler de l'effet sur le projet de vie. Mais cela n'entre pas dans les calculs comptables. Le capital s'empare des fruits de la hausse de productivité et de l'avancement technologique ne laissant rien aux anciens salariés. Il faudrait voir l'avenir dans ce retour au passé, se faire les apôtres de l'indépassabilité du marché, de la déréglementation et de la mondialisation fétichée. Pendant ce temps, les profits des entreprises, des boursicoteurs, des spéculateurs n'ont jamais été si élevés. Kodak vient d'annoncer la suppression de 17 000 emplois et son action clôture en hausse de 1,50 $ à la bourse[10]. Les *chief executives officers* empochent alors des millions en plus-value sur leurs options d'achat d'actions. Les employés restants acceptent des diminutions de salaires. L'establishment économique se réjouit; c'est la preuve que la machine est plus efficace et plus dynamique.

Le salariat serait progressivement remplacé par un pullulement de fournisseurs de travail individuel, performeurs atomisés se battant entre eux pour une chance de louer leur service[11]. Au Canada, il y a avait un million deux cent mille employés à temps partiel en 1995, une croissance de 20% depuis 1990. En 1980, il n'y en avait que 680 000 et 350 000 en 1970. Dans ce cheminement

---

9 Nuri Albala, « Les dangers de l'Accord multilatéral sur l'investissement. Un verrou juridique contre les États », *Le Monde diplomatique*, mars 1998.

10 Jean-Louis Doublet, « Les suppressions d'emplois ne témoignent pas d'une économie essoufflée », *Le Devoir*, 21 décembre 1997.

11 Philippe Arondel, *L'homme-marché*, Desclée de Brouwer, 1997.

vers la société postsalariale, on exige la soumission zélée des privilégiés qui ont encore un emploi : 17,6 millions d'heures supplémentaires par semaine au Canada dont seulement la moitié sont rémunérées. Aux États-Unis, entre 1979 et 1995, 43 millions de travailleurs ont perdu leur travail pour se replacer dans des emplois à conditions inférieures. Chacun devient capitaliste de la vente de soi, usant d'astuces pour offrir sa marchandise-travail, faisant partie d'un poll où l'on pige à volonté. Le temps libre gagné de hautes luttes ouvrières devient instable ; il se subordonne aux urgences temporelles du juste-à-temps, à la flexibilité exigée par la production de petites séries de produits diversifiés destinées à satisfaire les engouements éphémères des consommateurs blasés, aux caprices horaires du stock zéro, cette politique de gestion des humains par les stocks. Devenir un contractuel modèle, un temporaire précaire dans cette structure, que c'est exaltant ! On se sent pousser des ailes, on transcende, on lévite ! Des études démontrent que l'anticipation de la précarité occasionne chez les jeunes une désaffection face à la carrière et à l'éthique du travail[12]. Plutôt que de se mouvoir impuissants dans cette structure, certains jeunes, démunis, chômeurs, s'entraînent à la « désobéissance civile pacifique » comme le blocage de l'édifice du Parlement ou des gratte-ciel. Ils forcent l'attention d'une machine qui les a oubliés.

Regardez les chiffres qui suivent et demandez-vous si le néolibéralisme crée un ordre spontané comme le prétendent ses zélateurs. De 1973 à 1995, le PIB *per capita* américain a augmenté d'un tiers, mais les salaires bruts des employés sans poste de direction ont diminué de 19 % pour s'établir à 258 $ US par semaine[13]. La machine à emplois néolibérale fait que 20 % des travailleurs américains demeurent sous le seuil de la pauvreté malgré leur travail et que 7 900 000 travailleurs occupent plusieurs emplois à la fois pour boucler leur budget. Les ouvriers américains travaillent en moyenne 360 heures de plus que les ouvriers

---

12 David Cannon, « Generation X and the New Work Ethic » et Alain Lebaube, « L'élite des grandes écoles est fatiguée », in Gorz, *Misères du présent*.
13 Rodrigue Tremblay, « Surenchère des salaires des gestionnaires », *Les Affaires*, 1er mars 1997.

français. La proportion des travailleurs à temps partiel est de 17,1 % en général et de 26,1 % chez les femmes. Les agences d'emplois intérimaires comme Manpower ont 800 000 abonnés de plus qu'en 1990[14]. Le rapport entre le salaire des femmes et des hommes a recommencé à diminuer aux États-Unis, passant de 77 % à 75 % depuis quatre ans. Il est de 55 % dans le travail moins qualifié.

Les néolibéraux veulent démontrer que les groupes qui réussissent mieux le font parce qu'ils ont sélectionné un ensemble de règles plus favorables à la survie et à la réussite. Naturellement, le laisser-faire économique est un ensemble de règles favorables. Les néolibéraux nous servent donc comme exemple l'économie américaine et son présumé taux de chômage de 4,6 %. Les statistiques du chômage américaines ne repèrent pas ceux qui travaillent à temps partiel et qui préféreraient un travail à temps plein. Le Council on International and Public Affairs (CIPA) a calculé un taux réel de chômage de 11,4 % aux États-Unis. L'organisme révise ses calculs en tenant compte des prisonniers, 1 500 000 personnes et des libérés sur parole, 8 100 000 personnes. Il s'agit de 10 % de la main-d'oeuvre masculine[15]. On a construit 21 nouvelles prisons depuis 20 ans en Californie. On a aussi ajouté aux statistiques officielles les millions de chômeurs à long terme qui ont cessé de chercher de l'emploi pour arriver au 11,4 %. Le taux de syndicalisation est passé de 20 % à 10 % depuis 1980 aux États-Unis.

Le coût de l'absence de l'État

Le rapport de l'homme aux choses réside dans la nécessité de s'approprier les choses dont il a besoin pour vivre. Les formes d'appropriation ont été déterminées par la raison au gré des conjonctures. L'entrée de l'homme en société se fait par l'abandon

---

14 Serge Halimi, « Éternel retour du miracle américain », *Manière de voir*, septembre 1997, p. 47.

15 Ed. Finn, « Lying With Statistics : US Unemployment Rate Down to 5 % ? Don't Believe It », CCPA *Monitor*, Canadian Center for Policy Alternative, novembre 1997.

de l'usage de sa force naturelle. Ceux qui sont réduits à manquer des biens essentiels alors que d'autres engrangent sont légitimés de réviser cette délégation de leur puissance naturelle et le désordre s'installe. À partir de quel moment une forme d'appropriation devient-elle un droit ? Cela exige l'intervention d'un acte volontaire qui recueille l'adhésion. Le droit de propriété est un dérivé du droit à la vie. Il faut distinguer le droit fondamental à l'appropriation des biens matériels nécessaires à l'exercice de la vie et de la liberté qui est indéterminé dans sa forme, du droit de propriété privée qui est issu d'une détermination particulière. Le droit de propriété n'est pas un « en-soi » mais, comme toute institution, il a été retenu à cause de sa fonction sociale d'accès aux biens.

L'analyse comparative de l'efficacité entre le privé et le public n'a jamais été faite de façon objective, car cela est méthodo-logiquement impossible étant donné les réductions de services et l'évacuation des missions publiques qui accompagnent les privatisations ; pourtant on ne cesse de nous rebattre les oreilles avec ce discours à partir de petites études strictement comptables qui évacuent les coûts sociaux. Le dossier qu'il faudrait ouvrir, c'est celui des coûts de l'absence de l'État, phénomène plus abstrait, mais bien réel. Si la grande société est devenue hypercomplexe, si elle est de plus en plus une machine qui ne se comprend plus elle-même, alors les individus doivent se protéger des effets pervers de cette causalité diffuse et du mal social qui en résulte. Si la société n'arrivait que comme un excédent de la poursuite de l'intérêt individuel, la justice sociale deviendrait impossible puisque personne ne serait plus responsable du mal social. Les démunis, les exclus, les chômeurs deviendraient les victimes d'un effet de système. L'intérêt commun deviendrait à proprement parler l'intérêt de personne.

Michel Bernard
Mars 1997

La ruée vers l'eau

Léo-Paul Lauzon, François Patenaude et Martin Poirier

Ce texte est un condensé d'articles parus dans *l'aut' journal* au cours de la période allant du mois de novembre 1996 au mois de février 1998.

Eau privée, privé d'eau

L'éveil de la société québécoise à ce que plusieurs appellent « notre dernière richesse naturelle » est survenu lorsqu'on a appris que le maire de la ville de Montréal, Pierre Bourque, discutait en catimini avec des représentants du monde des affaires de projets de privatisation du réseau d'aqueduc de Montréal.

Au nombre des interlocuteurs du maire, on retrouvait trois multinationales françaises, parmi les leaders mondiaux de « l'industrie de l'eau », et les firmes d'ingénierie québécoises. Elles voulaient toutes mettre la main sur le lucratif contrat d'approvisionnement en eau de Montréal.

Devant la volonté des élus municipaux de garder secrètes les tractations sur la privatisation de l'aqueduc, une coalition regroupant des syndicats, des groupes populaires, des universitaires et des citoyens fut mise sur pied. Durant des mois, la Coalition a exigé un débat public sur la gestion de l'eau. En février 1997, le maire Bourque abdiqua finalement devant la volonté populaire et il annonça qu'il n'y aurait pas de privatisation de l'eau à Montréal. Dans les faits, le dossier a été rapatrié à Québec. En avril 1997, le ministre des Affaires municipales a affirmé, à son tour, qu'il n'était pas question de privatiser l'eau au Québec. Par la suite, une chape de plomb est venue recouvrir la question de la privatisation de l'eau.

Les citoyens ne furent pas dupes du silence calculé des décideurs et restèrent sur leurs gardes. Le débat de l'eau se réorientant alors vers l'exploitation des nappes souterraines et l'exportation d'eau, ils mirent sur pied une nouvelle coalition nationale appelée

Eau Secours. Cette coalition s'impliqua dans le dossier de la petite municipalité de Franklin où la multinationale Danone voulait implanter un projet de captage et d'embouteillage d'eau. Les citoyens de Franklin exigeaient qu'on analyse sérieusement les impacts sur la nappe phréatique découlant du pompage intensif projeté par Danone. Ils se heurtèrent alors non seulement au promoteur, mais à la firme de relations publiques Nationale et à différents ministères dont ceux de l'Environnement, de la Santé et des Affaires municipales ! Les citoyens s'organisèrent, investirent plus de 45 000 $ de leurs économies et s'entêtèrent. Cette stratégie porta fruit. La multinationale a été déboutée à Franklin et déclarée *persona non grata* dans deux autres municipalités du Québec.

Au cours de la même période, le pharmacien Jean Coutu défraya la manchette avec son projet d'exportation d'eau par bateau-citerne jusqu'à ce que les données économiques élémentaires en montrent l'absurdité.

Des choix d'avenir

Le débat sur l'eau ne fait que s'enclencher, mais déjà, aux dires de certains, la question soulève des passions comme seul le débat linguistique réussit à le faire. Le gouvernement du premier ministre Bouchard se fait plus timide. Le Symposium sur la gestion de l'eau qu'il organisa en décembre 1997, et qui devait être un colloque d'experts, s'avéra être une foire d'entrepreneurs. Le vaste débat public promis par M. Bouchard est toujours à venir.

Eau de vie

Depuis 1995, « l'or bleu » occupe une place prépondérante dans l'actualité québécoise. On a parlé de privatisation des infrastructures, d'exportation d'eau par bateau-citerne, de captage et d'embouteillage des eaux souterraines. Mais l'eau est également un enjeu mondial.

Est-il besoin de rappeler que l'eau potable est une ressource essentielle? Sans elle, pas d'industrie, pas d'agriculture, pas de vie. Depuis le début de ce siècle, l'importance du précieux liquide s'est accrue considérablement. La population mondiale a triplé, les besoins en eau ont été multipliés par sept et la surface des terres irriguées par six. Au cours des cinquante dernières années, la pollution des nappes souterraines du globe a réduit les réserves hydriques du tiers[1]. Dans plusieurs régions du monde où elle se fait rare, l'eau est source de conflits; on dénombrait 52 guerres pour un accès à l'eau potable à travers le monde en 1997[2].

L'eau potable est maintenant une ressource stratégique. L'accord de Taba en est un exemple; signé à Washington en 1995, il officialise le partage des nappes souterraines de Cisjordanie: 82% aux Israéliens et 18% aux Palestiniens. Dans plusieurs pays, la rareté de l'eau douce est un obstacle à la production alimentaire. L'Égypte, la Libye, la Tunisie et l'Algérie importent déjà plus du

---

1 Mohamed Bouguerra Larbi, « Bataille planétaire pour l'or bleu », *Le Monde diplomatique*, novembre 1997.
2 François Patenaude, « Entrevue avec Riccardo Petrella », *l'aut' journal*, mai 1997.

tiers de leurs céréales[3]. D'ici l'an 2020, on prévoit que 3,2 milliards de personnes manqueront, à un degré quelconque, d'eau potable[4]. Imaginez le pouvoir de ceux qui contrôleront les robinets !

L'avenir s'annonce sec

La forte croissance démographique de la population mondiale, le nombre accru de périodes de sécheresse et les gains de la désertification (si rien n'est fait, les terres arables d'Afrique pourraient être réduites du tiers d'ici trente ans)[5] ainsi que la pollution des nappes d'eau n'augurent rien de bon pour l'avenir de la ressource. Car, si l'eau recouvre 70 % de la planète bleue, l'eau douce ne représente que 5 % des réserves mondiales dont 99,8 % se retrouvent dans les calottes glaciaires et les nappes souterraines[6].

Les pénuries ne toucheront pas que les pays d'Afrique ou du Moyen-Orient. Selon des scientifiques canado-américains, le Saint-Laurent pourrait perdre plus du quart de son débit d'ici 30 ans, conséquence de l'effet de serre[7]. Globalement, les changements climatiques causés par notre consommation d'hydrocarbures entraîneront une diminution particulièrement alarmante de la quantité et de la qualité de l'eau disponible pour l'approvisionnement en eau potable.

Les limites de la technique

Pour faire face aux pénuries causées, entre autres, par la pollution et l'effet de serre, l'homme préfère s'en remettre à la technique plutôt que de diminuer la pollution aquatique ou l'émission des gaz à effets de serre. C'est ainsi qu'on construit des pipelines et des

---

3   Mohamed Bouguerra Larbi, *op. cit.*

4   Ricardo Petrella, préface de *L'État aux orties* ?, Éditions Écosociété, avril 1996.

5   Agence France-Presse, « La désertification frappe d'abord et surtout l'Afrique », *La Presse*, 9 octobre 1997.

6   Isabelle, Girard « Brouillard sur les eaux souterraines », *La Presse*, 11 janvier 1998.

7   Claire Farid, *et al.*, « The fate of the Great Lakes, sustaining or draining the sweetwater Seas ? », *Canadian Environmental Law Association and Great Lakes United*, 10 février 1997.

aqueducs pour acheminer l'eau de là où elle abonde jusque là où elle se fait rare, parfois sur des centaines de kilomètres (en Namibie, on projette de construire un aqueduc de 1000 km pour régler les problèmes de sécheresse)[8] et que l'on invente de nouveaux procédés de filtration de plus en plus coûteux pour traiter une eau de plus en plus polluée.

Mais la nature a ses limites et les « solutions » des hommes ont parfois des conséquences catastrophiques. À ce chapitre, l'expérience de la mer d'Aral en ex-URSS est riche d'enseignements. On a détourné des fleuves qui alimentaient cette mer intérieure pour de grands projets agricoles et pompé son eau pour irriguer les cultures de coton. Résultats : depuis 1960, le débit des fleuves a été réduit des trois quarts, la moitié de la mer s'est évaporée et la salinité de l'eau a été multipliée par quatre[9].

Plus près de nous, la Ville de Los Angeles a fait construire au début du siècle un aqueduc la reliant au Lac Owens situé loin à l'intérieur des terres. En seulement sept ans, la région semi-désertique de Los Angeles est devenue le plus grand potager d'Amérique ! Aujourd'hui, le lac Owens est à peu près à sec. Los Angeles s'approvisionne maintenant dans le fleuve Colorado, y puisant d'ailleurs plus de 20 % de plus que la part d'eau à laquelle elle a droit. Le constat de la Commission californienne des ressources en eau est clair : en l'absence de nouvelles ressources, l'État souffrira d'un manque d'eau chronique avant 15 ans[10].

Dans ce contexte de rareté de la ressource, le Québec, riche de 3 % de l'eau douce renouvelable de la planète[11], fera l'objet de fortes pressions pour « partager » la ressource. Les conflits entre les embouteilleurs d'eau et les différents usagers, apparus au Québec ces dernières années, en sont les premiers signes.

---

8 Magazine *L'Express*, 3 juillet 1994, p. 14.
9 *Le Figaro magazine*, samedi 30 novembre 1996.
10 « Des histoires d'horreurs liées à la gestion de l'eau à Los Angeles », repris du *Financial Times* et paru dans *La Presse*, 4 janvier 1998.
11 Gouvernement du Québec, *Symposium sur la gestion de l'eau*, document de référence, automne 1997.

Les infrastructures montréalaises de l'eau potable

Cent cinquante-trois ans après la première municipalisation de l'aqueduc à Montréal, l'administration municipale songe à privatiser son service d'eau potable. Si la plus grande ville du Québec, où l'eau est abondante, de qualité et peu dispendieuse, privatise son réseau de distribution d'eau, bon nombre d'autres municipalités risquent de faire de même. Un débat public sur sa privatisation s'impose. Une journée de formation organisée par la Coalition pour un débat public sur l'eau à Montréal, tenue au mois de janvier 1997, a permis de mieux en comprendre les enjeux.

M. Michel Gagné, directeur des usines d'eau potable de Montréal a donné une bonne description du réseau de distribution d'eau potable. Montréal possède les deux plus grosses usines de filtration du Canada: l'usine Atwater, terminée en 1918 et l'usine Charles-J. Des Baillets terminée en 1978, ainsi qu'un vaste réseau de distribution totalisant plus de 2 500 km de conduites, 12 000 bornes d'incendie, 7 réservoirs, etc.

Une eau à bon marché

M. Gagné a insisté sur le bon état des usines de filtration. Il a fait remarquer qu'elles avaient été conçues de façon à ce qu'on puisse augmenter leur capacité de production pour faire face à une demande accrue. Une hypothèse encore lointaine, la consommation d'eau à Montréal étant stable depuis le début des années 1990. Elle a même diminué de 1,76 % en 1990. La Ville, bien qu'elle traite chaque jour l'équivalent de 63 000 piscines de 18 pieds de diamètre remplies d'eau, ne prélève que 25 mètres cubes par seconde sur le débit de 10 000 mètres cubes par seconde du fleuve Saint-Laurent. Le coût de production de l'eau potable montréalaise est d'environ 0,04 $ le mètre cube. Si on ajoute la distribution, le coût du mètre cube se situe entre 0,13 $ et 0,14 $, ce qui en fait une des eaux potables la moins chère du monde. À titre de comparaison, le prix de l'eau par mètre cube est au minimum un dollar plus cher en Californie. À Paris, il est environ 4,50 $ le mètre cube. Le budget de fonctionnement des usines pour 1997 est de 26 millions de dollars. Cette facture se répartit de la façon suivante : 50 % pour l'électricité, 40 % pour les salaires et 10 % pour les produits chimiques, pièces de rechange, etc.

Dans son Livre vert sur la gestion de l'eau, présenté à la population le 23 décembre 1996, l'administration du maire Bourque parle des « sommes énormes qu'exige le traitement de l'eau ». La Ville, dont le coût de l'eau est l'un des plus bas au monde, dépense-t-elle vraiment des sommes mirobolantes pour le service crucial de l'eau potable ? La somme allouée à la production et à la distribution de l'eau pour l'année 1995 était de 118,1 millions de dollars (en incluant la dépense de la dette), ce qui représente une part modeste (6,2 %) du budget total de la Ville de près de 2 milliards pour la même année.

Une eau d'excellente qualité

Michèle Prévost, directrice de la Chaire de l'eau de l'École polytechnique, a, quant à elle, fortement insisté sur l'excellente qualité de l'eau brute à Montréal. Cela s'explique par la prise d'eau située à 610 mètres de la rive du Saint-Laurent. M. Gagné avait souligné, lui aussi, l'importance de cette prise d'eau, située de façon à éviter la captation des métaux lourds qui tombent au fond et celle des huiles et autres composés plus légers qui se tiennent en surface. La qualité de cette eau est telle que nous n'avons pas besoin à Montréal de traitements sophistiqués et coûteux pour éliminer certaines substances indésirables. Mme Prévost a ajouté que la qualité exceptionnelle de l'eau du robinet surpasse celle de plusieurs eaux embouteillées. Finalement, la qualité de l'eau montréalaise dépasse, non seulement les normes canadiennes, mais aussi les normes américaines et européennes.

Pas besoin de compteurs

M. Pierre J. Hamel, professeur à l'INRS-Urbanisation, a abordé la question de la tarification de l'eau. Rappelons qu'au Québec, la gestion de l'eau relève des municipalités. Le paiement de ce service consiste le plus souvent en un impôt forfaitaire (grosso modo, cela se résume au coût de production et de distribution de l'eau potable divisé par la population). L'installation de compteurs d'eau dans les résidences est toute récente au Québec et le phénomène est limité. Selon un document d'Environnement Canada, seulement 53 municipalités québécoises de plus de mille habitants avaient des compteurs dans plus de 60 % des résidences de leur territoire[12].

À l'heure du néolibéralisme triomphant, la tarification des services publics devient très à la mode et la présence de compteurs d'eau va vraisemblablement s'accroître. Le ministère des Affaires municipales, dans sa « proposition d'un modèle québécois de privatisation des services d'eau[13] » se prononçait d'ailleurs en faveur du principe de l'utilisateur-payeur.

Pierre J. Hamel précise qu'il ne faut pas confondre tarification et privatisation. La tarification, c'est payer pour chaque goutte d'eau consommée, alors que la privatisation est le transfert d'un bien public à une société privée. Cependant, selon M. Hamel, on constate souvent un mouvement d'aspiration entre les deux. C'est-à-dire que la tarification, même si elle est municipale, tend à amener la privatisation et la privatisation entraîne souvent la tarification.

---

12 National Water Use Database, *Municipal water Use, Sewerage Metering and Pricing*, Water and Habitat Conservation Branch Wildlife Service Environment Canada, march 1994.
13 Ministère des Affaires municipales, *Proposition d'un modèle québécois de privatisation des services d'eau*, Direction générale des infrastructures et du financement municipal, février 1996.

Pour justifier l'installation de compteurs d'eau, on invoque souvent, selon Pierre J. Hamel, la réduction de la demande. Si la présence des compteurs est efficace pour les secteurs commercial et industriel (pour éviter qu'un restaurateur laisse couler l'eau en permanence sur la vaisselle par exemple), diverses études ont prouvé que les compteurs n'ont pas d'impact sur la demande dans le secteur résidentiel. Celle-ci est très structurelle. Par exemple, une famille de trois personnes va consommer à peu près trois fois plus d'eau qu'une personne seule et une famille qui habite en banlieue et possède une piscine consommera plus d'eau qu'une famille qui vit dans un deuxième étage à Montréal. Bref, les gens consomment selon leurs besoins.

Certaines études ont permis de vérifier qu'il n'y avait aucune différence de la consommation chez des individus vivant dans les mêmes conditions, qu'il y ait un compteur ou pas. Les seuls cas de diminution de la consommation, par suite de l'installation de compteurs, le sont chez les gens à faibles revenus qui voient dans la tarification une dépense de plus. L'impact de la tarification est alors très sévère. En fait, il existe des méthodes beaucoup plus efficaces et moins onéreuses que l'installation de compteurs pour diminuer la consommation d'eau. Par exemple, des campagnes d'information auprès de la population, l'installation de toilettes à faible débit d'eau, des aérateurs de robinets, des pommeaux de douche à faible débit, etc. Ces méthodes sont efficaces, car la répartition de la consommation résidentielle typique est de 35% pour les toilettes, de 29% pour la douche, 18% pour la lessive, 13% pour la vaisselle-cuisine[14].

Le professeur Hamel a rappelé les coûts élevés reliés à la tarification, soit l'achat, l'installation, le relevé, la gestion des relevés, l'envoi de factures, l'entretien et la réparation des compteurs, etc. Le coût de l'eau est si bas à Montréal qu'il est difficile de faire mieux et l'installation de compteurs coûterait très cher pour des économies hypothétiques.

---

14 Ville de Montréal, *La gestion de l'eau à Montréal*, Annexe A, Données techniques et financières -III- La consommation d'eau potable.

La tarification de l'eau à Montréal est un enjeu crucial, parce qu'il introduit la logique de l'utilisateur-payeur. De plus, avec la tarification de l'eau, s'émousseraient des notions telles que l'équité, la solidarité sociale et la redistribution de la richesse et surgirait une nouvelle source d'appauvrissement pour les plus démunis.

Des usines d'embouteillage branchées sur l'aqueduc montréalais!

Dans son Livre vert sur la gestion de l'eau, l'administration de la Ville de Montréal affirme que l'eau potable a une valeur. Mais pour les quatre usines d'embouteillage d'eau, actuellement branchées sur l'aqueduc montréalais, celle-ci est tout au plus symbolique. Elles vendent une eau qui ne leur coûte presque rien! Situation plutôt embarrassante pour l'équipe du maire Bourque qui veut dissiper « l'impression de gratuité » reliée à la consommation d'eau.

L'usine de la compagnie Laurentienne, une propriété de la multinationale française Danone, produit l'eau en bouteille déminéralisée Laurentienne. Avec trois autres commerces montréalais vendant de l'eau distillée, elle est directement branchée sur l'aqueduc montréalais. Selon la *Liste des eaux embouteillées distribuées au Québec*[15], il existe au Québec trente et une compagnies qui vendent de « l'eau traitée » déminéralisée, c'est-à-dire une eau ayant subi un traitement destiné à la rendre potable comme c'est le cas de l'eau de l'aqueduc montréalais. Cette eau peut ensuite être déminéralisée (on en réduit la teneur en minéraux, le plus souvent par distillation) ou minéralisée (on y ajoute des minéraux). On retrouve, dans les pharmacies Jean Coutu, l'eau déminéralisée Québec-O provenant de l'aqueduc de Longueuil, tandis qu'à

---

15 Ministère de l'agriculture, des pêcheries et de l'alimentation du Québec (MAPAQ), *Liste des eaux embouteillées distribuées au Québec*, 6 décembre 1996.

St-Léonard, ville alimentée en eau par la Ville de Montréal, l'entreprise Laboratoires Atlas inc. produit l'eau Atlas déminéralisée à partir de l'eau traitée par la Ville de Montréal.

Une matière première gratuite

Au printemps 1997, deux des quatre usines branchées sur l'aqueduc montréalais, dont l'usine de la Laurentienne, n'avaient pas de compteurs d'eau. Les usines qui ne sont pas dotées de compteurs paient leur taxe d'affaires (qui comporte un volet taxe d'eau et services), comme le font tous les commerces et les industries de la ville de Montréal, et peuvent utiliser toutes les quantités d'eau désirées. À cette différence près que, pour ces compagnies, l'eau ne sert pas uniquement à actionner les toilettes ou alimenter les fontaines. L'eau est leur matière première ; elles la commercialisent. Et elle est gratuite !

Là où il y a des compteurs, les usines paient leur consommation d'eau selon le tarif en vigueur à Montréal pour les grands utilisateurs d'eau, c'est-à-dire à 0,22 $ le 1 000 litres. Elles ont droit cependant à une gratuité équivalente au montant de leur taxe d'affaires (par exemple : un montant de 5 000 $ de taxe d'affaires égale 5 000 $ de consommation d'eau gratuite). Toute consommation excédentaire étant calculée au coût de 0,22 $ le 1 000 litres.

De l'argent virtuel pour la Ville

En 1997, l'eau Laurentienne déminéralisée se vendait à 6,75 $ le 18 litres au siège social de la compagnie, pour un coût de 0,38 $ le litre, alors que celle-ci paie à la Ville un prix maximum de 0,22 $ pour 1 000 litres ! Les possibilités d'enrichissement, on le devine, sont énormes. Prenons simplement le chiffre de 322 litres par jour, qui représente la consommation résidentielle moyenne *per capita* à Montréal. Si on multiplie cette consommation par 0,38 $ le litre, on en arrive, pour une période d'un an, à la rondelette somme de 44 500 $. Ce chiffre représente la somme que rapporterait la vente de l'équivalent de la consommation annuelle d'une seule personne. La vente de l'équivalent de la consommation annuelle de 12 personnes fracasse la barre du demi-million de dollars ! Sur ce montant de vente de 500 000 $, la Ville de Montréal toucherait au mieux 310 $! De quoi étonner quand on sait que l'équipe Bourque ne cesse de parler de la nécessité de faire payer les utilisateurs.

Exportation d'eau

Au Québec, la production d'eau embouteillée « traitée » représentait 12,2 millions de litres en 1994, sur une production totale d'eau en bouteille de 326,9 millions de litres. Les usines d'eaux traitées, branchées sur le réseau montréalais, sont de petite taille, mais il faut prendre en considération l'importance que prendra l'eau au cours des prochaines années. Au Québec, où la ressource est abondante, l'exportation représentera un enjeu important. Dans un document d'Agriculture Canada[16], on parle des avantages que représente la proximité du marché américain, où 95 % de toute l'eau exportée à partir du Canada aboutit, et des barrières tarifaires plus élevées auxquelles se heurteront les fournisseurs européens. On insiste aussi sur la croissance que connaîtra la consommation d'eau embouteillée au Mexique où une classe de riches est en pleine croissance, car le « marché » de l'eau embouteillée en Amérique du Nord est constitué de groupes bien nantis concentrés dans les centres urbains.

Compte tenu de la rareté de la ressource et de la pollution, il n'est pas impossible qu'on en vienne à vendre de grandes quantités d'eau traitée. Dans pareille éventualité, la Ville de Montréal serait pourvue de nombreux avantages : elle « flotte » au milieu d'un des plus grands fleuves du monde, l'eau potable qu'elle produit est d'une très grande qualité, en plus d'être l'une des moins chères du monde. Ses usines de filtration sont les deux plus puissantes au Canada, sans compter que la Ville dispose actuellement d'une surcapacité de production d'eau potable. Tout cela, il va sans dire, fait saliver beaucoup d'entreprises privées.

---

16 Agriculture Canada, *L'ALENA et le marché d'exportation de l'eau embouteillée canadienne en Amérique du Nord*, mars 1994.

Rester lucide

Avant de songer à exporter massivement l'eau produite à Montréal, il faudrait réfléchir aux impacts environnementaux à long terme et aborder la problématique de l'eau de façon globale et non uniquement commerciale. De plus, il faut absolument que le contrôle de la ressource et sa gestion soient assumés par le secteur public afin que l'ensemble de la population québécoise puisse bénéficier des retombées d'une éventuelle exploitation écologique de l'eau potable. « L'eau est un bien collectif, son utilisation et son exploitation doivent profiter à toute la collectivité », affirmait en substance le ministre David Cliche en décembre 1996[17]. Cela vaut également pour l'eau commercialisée à partir de l'aqueduc mont-réalais, sommes-nous tentés d'ajouter.

---

17 Lévesque, Kathleen, « L'administration Bourque placée sous haute sur-veillance », *Le Devoir*, 4 décembre 1996.

Ça grenouille du côté de l'eau

La Ville de Montréal a étudié en 1996 et 1997 une nouvelle technique de filtration sur charbon actif biologique qui pourrait permettre de doubler la capacité de production d'eau potable de ses usines. L'intérêt d'une telle technique demeure obscur puisque la consommation d'eau potable à Montréal est stable depuis le début des années 1990[18] et que l'administration municipale, si l'on en croit le Livre vert sur la gestion de l'eau à Montréal, a pour objectif de diminuer la consommation d'eau potable afin d'économiser la ressource. À moins que la Ville songe à doubler la capacité d'une de ses deux usines de filtration afin de se départir de l'autre au profit du secteur privé? Selon des sources fiables, la chose est loin d'être impossible, d'autant que la Compagnie générale des eaux, deuxième société de l'eau au monde, est activement impliquée dans les recherches sur le nouveau procédé de filtration.

Montréal possède les deux plus grosses usines de filtration d'eau au Canada. L'usine Atwater, dont la construction a été terminée en 1918, a une capacité de production de 1,3 million de mètres cubes d'eau par jour. L'usine Charles-J. Des Baillets, terminée en 1978, peut produire 1,1 million de mètres cubes par jour. La consommation montréalaise quotidienne n'est que de 1,8 million de mètres cubes par jour[19]. La capacité de production totale des deux usines excède donc de 25 % la consommation quo-

---

18 Ville de Montréal, « La gestion de l'eau à Montréal », *Livre vert*, décembre 1996.
19 *Ibid.*

tidienne en eau potable de la ville de Montréal et des 15 municipalités qu'elle dessert. Ajoutez à cela que l'usine Des Baillets a été conçue pour qu'on puisse y installer au besoin d'autres pompes pour augmenter sa capacité de production d'eau potable sans modifier la structure déjà existante. Pourquoi alors ces études sur la filtration sur charbon actif biologique, dont la principale qualité, selon nos sources, est de diminuer le temps de filtration requis et ainsi permettre de doubler la production d'eau?

L'intérêt d'une telle technique

Les normes de qualité de l'eau seront appelées à se resserrer dans l'avenir, mais cet argument n'est pas recevable pour justifier les expériences sur charbon actif biologique à Montréal, car l'eau montréalaise est non seulement excellente, mais elle dépasse les normes de qualité canadiennes, américaines et européennes selon Michèle Prévost, titulaire de la Chaire industrielle en eau potable. La qualité du filtrage serait certes augmentée avec le procédé sur charbon actif biologique, mais ce n'est pas là l'attrait principal de cette méthode. Il faut voir dans l'aptitude à augmenter la possibilité de production d'eau l'intérêt réel de cette technique.

Qui pourrait en profiter?

Or, si la Ville double la capacité de production d'eau potable d'une de ses deux usines, elle pourrait se départir de l'autre puisqu'une seule suffirait à alimenter la population. La Ville pourrait vendre l'usine rendue non nécessaire ou encore la louer, en totalité ou en partie, à une société privée. Les investisseurs potentiels seraient légion, de nombreux intérêts privés, tant québécois qu'étrangers, ayant non seulement démontré leur intérêt, mais exercé, depuis des années, un fort lobby dans le but de s'accaparer des infrastructures montréalaises de production d'eau potable.

Cette situation pourrait s'avérer fort intéressante pour le secteur privé. L'exploitant n'ayant pas besoin d'investir des sommes importantes pour l'entretien du réseau d'aqueduc, il se contenterait d'exploiter l'usine pendant une période donnée, avant de la remettre à la Ville au terme du contrat. On doit cependant s'inquiéter des mauvaises expériences de gestion déléguée vécues, tant au Québec qu'ailleurs. Souvent les compagnies n'effectuent pas l'enretien des usines, tant pour augmenter leurs profits que parce qu'elles ne savent pas si leur contrat sera renouvelé. Dans quel état serait rendue à la Ville, au terme d'un contrat de 10, 20 ou 30 ans, l'usine Charles-J. Des Baillets qui a coûté aux contribuables près d'un milliard de dollars?

Derrière la chaire, l'os

Les études sur la filtration sur charbon actif biologique sont menées par la Chaire industrielle en eau potable. Cette chaire est le fruit de la collaboration privé-public. Au nombre de ses partenaires (qui la financent), on retrouve la Ville de Montréal, la Compagnie générale des eaux (CGE) et John Meunier, une filiale de la Générale des eaux[20]. Des représentants de ces entreprises se promènent dans les usines de Montréal depuis des années et connaissent très bien les installations. La Générale des eaux s'intéresse au réseau d'aqueduc montréalais et pourrait être tentée par l'acquisition d'une des deux usines de filtration de la Ville de Montréal.

Loto-filtration

La firme privée qui hériterait d'une usine de filtration trouverait plusieurs débouchés pour son eau. Elle pourrait, par exemple, vendre son eau à des municipalités voisines, embouteiller ou ensacher de l'eau potable et l'exporter; elle pourrait même dévier sa production vers les réservoirs de la Ville de Montréal et lui vendre ses surplus d'eau en période de pointe, tout comme les petits barrages privés vendent leur électricité à Hydro-Québec. À quel prix la Ville achèterait-elle cette eau? Il risque d'être élevé si l'on se fie aux diverses expériences de privatisation d'eau à travers le monde.

---

20 *Bulletin d'information de la Chaire industrielle en eau potable*, École Polytechnique de Montréal, département de génie civil, volume 1, n° 1, mai 1996.

Si la Ville cède une de ses usines au secteur privé plutôt que l'ensemble de son réseau d'aqueduc, la résistance de la population risque d'être moins forte. Si, en plus, la Ville et le privé prennent soin de mener une bonne campagne « d'informations » orchestrée par une firme de relations publiques (elles sont déjà très présentes dans le dossier de l'eau embouteillée), l'affaire serait vite dans le sac. Des citoyens croiraient même avoir fait une bonne affaire, alors que, dans les faits, la grande gagnante de cette « loto-filtration » serait la compagnie privée.

La privatisation de l'eau flotte toujours dans l'air

Peu de gens croient que la privatisation de l'eau soit encore à l'ordre du jour au Québec. Pourtant, au cours de l'été 1997, la gestion d'au moins une usine de filtration et une usine d'épuration a été cédée en douce au privé. De plus, deux contrats de gestion d'usine d'épuration des eaux, accordés à des firmes privées, ont été contestés. Pendant ce temps, grâce à la magie du langage, on a transformé la grenouille de la privatisation en prince charmant du partenariat. Comme l'a dit le maire de Montréal en parlant de la gestion de l'eau, au début du mois de septembre 1997, « il ne s'agit pas de privatiser, mais on peut faire des partenariats avec le secteur privé ». Nuance orwélienne, qui a déjà fait des petits.

Il n'est pas inutile d'effectuer un survol de la gestion des infrastructures municipales de l'eau à travers le Québec car, de là, origine le débat. Rappelons tout d'abord qu'en 1996, 13 % des usines d'épuration des eaux usées (eaux d'égoûts) étaient déjà sous gestion privée et 77 % des contrats avaient été accordés à des filiales des trois grandes sociétés françaises de l'eau[21]. Concernant les usines de filtration (eau potable), le phénomène est plus restreint. On compterait seulement une dizaine d'usines sous gestion privée sur plus de 500 postes ou usines au Québec.

---

21 La Générale des eaux, la Lyonnaise des eaux et le groupe Bouygues. Les deux premiers sont les chefs de file de « l'industrie » de l'eau dans le monde et les trois sociétés lorgnaient l'aqueduc de Montréal.

Je me souviens

Rappelons qu'après des mois de pourparlers secrets avec des sociétés privées intéressées par l'aqueduc montréalais, le maire de Montréal, Pierre Bourque, a battu en retraite devant la volonté populaire et il a annoncé, le 26 février 1997, qu'il n'y aura pas de privatisation de l'eau à Montréal. Dans les faits, le dossier a été transféré à Québec. Le 13 avril 1997, le ministre Trudel affirmait en parlant de la privatisation de l'eau : « Il y a eu un emballement pour une idée dont on n'avait pas fait le tour suffisamment. Et bien, le tour a été fait et l'idée n'est pas bonne[22] ». Il indiquait qu'aucune forme de partenariat ne sera permise dans le dossier de l'eau et que son projet de loi sur les sociétés d'économie mixte serait modifié pour exclure les services d'eau. Enfin, M. Trudel déclarait : « C'est non à la privatisation des infrastructures, à la production et à la distribution de l'eau potable dans les municipalités[23] ». Dans *Le Devoir* du 21 avril 1997, Lucien Bouchard ajoutait, à propos de l'eau : « Il faut qu'on ait d'abord un grand débat collectif. L'engagement, c'est de ne pas définir de politique avant que ce débat ait eu lieu ». Le ministre Trudel, fidèle à son habitude dans le dossier de l'eau, viendra une semaine plus tard brouiller la clarté de sa position initiale en déclarant que le débat sur l'eau portera notamment sur le maintien de la propriété publique des équipements municipaux ! Bref, il passe d'un « non catégorique » à la privatisation à un vaseux « on verra ».

Soulignons qu'il n'y a toujours pas eu de débat public sur l'eau au Québec, un symposium étant un congrès scientifique, pas un débat public. Depuis la déclaration du maire Bourque, la majorité de la population croit, à tort, qu'il n'est plus question d'association avec le privé pour la gestion des infrastructures municipales de l'eau. Cette impression ne correspond pas à la réalité. À l'évidence, ça grenouille sous une surface en apparence tranquille.

---

22 Kathleen Lévesque, « Non à la privatisation de l'eau », *Le Devoir*, 14 avril 1997.
23 *Ibid.*

La privatisation est bien vivante

Depuis le 31 août 1997, la gestion de l'usine de filtration d'eau potable d'Iberville est l'affaire de la firme Aquatech qui a obtenu le contrat de gestion, sans appel d'offres, pour une durée de 5 ans. Aquatech veut installer un système de télémétrie qui ne l'obligerait plus à maintenir du personnel en fonction pendant 24 heures[24]. Soulignons que les employés de la municipalité ont appris la privatisation en lisant leur journal ! Belle façon de commencer un « partenariat[25] ». La gestion de la nouvelle usine d'épuration des eaux usées du Haut-Richelieu qui traite les eaux usées des municipalités d'Iberville, Saint-Jean-sur-Richelieu, Saint-Luc, L'Acadie et Saint-Athanase a également été confiée au secteur privé. La firme Eaux-Richelieu, formée des entreprises Génivar et Construction P. Baillargeon, a hérité du contrat au début de 1997[26].

La gestion de la nouvelle usine d'épuration de la vallée du Richelieu (desservant les municipalités de Mont-Saint-Hilaire, Beloeil, Otterburn Park, et Mc Masterville) a été confiée à la firme Aquatech à l'automne 1997[27].

Au cours de l'été 1997, la Ville de Longueuil a renouvelé le contrat de gestion de l'usine d'épuration de la firme Aquacers (un consortium formé de Aquatech et Gest-Eau) un an avant que celui-ci n'arrive à échéance. Les maires de six villes environnantes, qui sont partenaires avec Longueuil, ont demandé au ministre des Affaires municipales d'annuler le contrat qui a été renouvelé sans appel d'offres. Ces derniers affirmaient qu'ils pourraient économiser jusqu'à 2 millions de dollars sur 5 ans si le contrat était cédé à une autre firme[28]. Le 3 février 1998, la Ville de Longueuil annon-

---

24 Louise Bédard, « Iberville confie la gestion de l'usine de filtration au privé », *Le Canada français*, 20 août 1997.

25 Louise Bédard, « Les employés d'Iberville apprennent la privatisation en lisant le journal » *Le Canada français*, 27 août 1997.

26 Isabelle Hachey, « Nouvelle station d'épuration des eaux », *La Presse*, 4 octobre 1997.

27 Martha Gagnon, « Vers une rivière Richelieu propre, propre, propre », *La Presse*, 28 octobre 1997.

28 Martha Gagnon, « Six villes de la Rive-Sud veulent l'annulation d'un contrat », *La Presse*, 4 septembre 1997.

çait avoir révisé le contrat d'exploitation de l'usine d'épuration des eaux à la baisse. Les économies globales seront de plus d'un million sur 5 ans! Les maires des municipalités partenaires de Longueuil sont satisfaits, mais n'en continuent pas moins de déplorer l'absence de transparence de la Ville[29].

Le 25 août 1997, à Salaberry de Valleyfield, les membres du conseil municipal ont adopté une résolution visant à confier au consortium LBCD-Tekno la gestion de l'usine d'épuration des eaux usées et ainsi remplacer, à partir de février 1998, la firme Aquatech. Seul hic, le président de la firme Aquatech, Alain Koessler, atteste que son offre, qui a été refusée, garantit une économie de 275 000 $ à la Ville sur une période de cinq ans. Celui-ci espère que la Ville, à qui il a adressé une mise en demeure pour ne pas avoir reconduit l'entente, révisera sa position et « agira conformément à sa volonté maintes fois affirmée d'appliquer le juste jeu de la concurrence[30] ».

Soulignons que le groupe Tekno est une filiale de la Lyonnaise des eaux et Aquatech une filiale du groupe Bouygues, qui était associée à SNC-Lavalin jusqu'à l'an dernier. Il est à espérer que l'absence de transparence et les irrégularités, qui sont légion en France dans le domaine de l'eau et qui ont mené à de nombreuses amendes et à des emprisonnements, ne migreront pas ici.

Ça brasse à Chicoutimi!

Deux employés municipaux de la Ville de Chicoutimi risquent une suspension d'un an, voire un congédiement à vie, pour avoir exigé un débat public sur la gestion de l'eau et plus de transparence de la part de la municipalité. Moins d'une semaine après les menaces de la Ville, avait lieu à Chicoutimi devant plus de 250 personnes, une soirée d'informations sur la privatisation de

---

29 Martha Gagnon, « Longueuil révise à la baisse le contrat de l'usine d'épuration », *La Presse*, 4 février 1998.
30 Denis Bourbonnais, « La firme Aquatech crie à l'injustice », *Le journal St-François*, 9 septembre 1997.

l'eau et des services publics, au cours de laquelle une coalition de l'eau pour la région du Saguenay a vu le jour.

L'usine d'épuration des eaux usées de la ville de Chicoutimi est actuellement en construction et elle devrait être terminée en décembre 1998. La municipalité en est au stade de choisir l'équipe de gestion de la future usine. Les employés municipaux, qui sont en lice, se sont toutefois heurtés depuis le début à un manque de transparence et de collaboration de l'administration municipale.

André Maltais, vice-président du Syndicat des cols blancs et Martial Girard, directeur du même syndicat, ont effectué une sortie publique dans le journal *La Primeur* (édition du 10 septembre 1997) pour dénoncer cet état de fait et souligner que la privatisation de la gestion de l'eau était souvent synonyme de hausses de coûts pour la population. Le lendemain de la parution du journal, le maire Ulric Blackburn émettait un communiqué dans lequel il affirmait que les associations avec le secteur privé n'étaient rien d'autre « qu'une pratique de saine administration publique qui ne vise en définitive qu'à produire des services municipaux de qualité au meilleur coût ». Il a également souligné vouloir agir en « partenaire » avec les syndiqués. Le président de la Commission des ressources humaines, M. Jean-Guy Villeneuve disait, quant à lui, que « des mesures allaient être prises dans les prochains jours pour que de tels agissements publics ne se reproduisent plus dans l'avenir ». Le lendemain, les deux employés étaient convoqués devant un comité de discipline. Lors de cette rencontre, l'équipe du maire a menacé verbalement ses « partenaires » MM. Girard et Maltais d'une suspension d'un an, voire d'un congédiement à vie, pour manque de loyauté envers leur employeur.

Un document de la Ville donne raison aux syndiqués

Le 17 septembre 1997, à Chicoutimi, les employés municipaux ont tenu un point de presse en compagnie de Léo-Paul Lauzon, en tournée dans la région du Saguenay. Ce dernier a alors rendu public un document intitulé *Gestion de l'usine d'épuration*, rédigé par Guy St-Gelais, directeur du service des Travaux publics. Les employés municipaux exigeaient, depuis des mois, des administrateurs de la municipalité, ce rapport qui a été placé par une main inconnue dans celles de Léo-Paul Lauzon.

Le rapport *Gestion de l'usine d'épuration* affirme, noir sur blanc, que la gestion publique est souvent moins chère que la gestion privée. On y note que la gestion effectuée par des employés municipaux permet de « conserver l'expertise, le suivi et la continuité » en plus de souligner qu'avec le secteur privé « l'entretien laisse à désirer dans les usines, compte tenu du fait que l'entreprise n'est pas certaine d'avoir à nouveau le contrat et que ses économies font augmenter ses profits ». Devant de telles informations, émanant de l'administration municipale de surcroît, on ne peut que s'interroger sur la position du maire de Chicoutimi Ulric Blackburn, qui estimait, dans son communiqué du 11 septembre 1997, qu'il revient au syndicat de prouver qu'il pourrait gérer l'usine d'épuration des eaux de façon plus efficace et moins coûteuse que le privé !

Cas similaire à Laval

Un rapport interne du service de l'environnement de la Ville de Laval affirme que la gestion de la future usine d'épuration sera mieux effectuée par les employés municipaux. Le rapport dont le journal *La Presse* du 3 et du 5 février 1998 fait mention, critique l'expérience de gestion catastrophique de la station d'Auteuil qui avait été confiée à des consultants privés en 1993. Lors de la reprise des opérations par la municipalité en 1995, les instruments de contrôle étaient déréglés, presque tout le filage électrique était à refaire et la programmation de nombreux appareils était déficiente. Le coût moyen de traitement d'un mètre cube d'eau a chuté de 28 % après la reprise de l'usine par les employés municipaux (1996) comparativement au coût de 1994, alors que la gestion était privée.

En dépit de ces faits, l'administration municipale de Laval se pose encore la question, à savoir si elle confiera la gestion de sa nouvelle usine, qui sera terminée en août 1998, à ses employés municipaux ou au secteur privé. Parmi les choix « logiques », il y a un consortium formé de deux firmes d'ingénieurs de Laval

(Gendron-Lefebvre et Dessau). Or, la firme Gendron-Lefebvre est celle qui était à l'origine du fiasco de 1993 à la station d'Auteuil!

La gestion des villes très performante

Si on tente encore de confier des contrats de gestion de l'eau à l'entreprise privée, est-ce parce qu'il y a de nets avantages pour les citoyens? Pas exactement. Bon nombre d'études démontrent que les prétendus miracles d'une eau privée ne sont souvent que des mirages.

À la veille du Symposium sur la gestion de l'eau au Québec, le gouvernement confirmait dans son document de référence que l'eau produite par les municipalités du Québec est belle, bonne et pas chère. Les coûts de l'eau au Québec sont parmi les plus bas au monde. Le document établit le prix moyen du mètre cube d'eau à 0,38 $ au Québec, comparativement à 0,86 $ en Ontario, et à un coût se situant entre 0,37 $ et 1,30 $ au Canada. En France, où plus de 75 % des municipalités ont confié la gestion de l'eau potable au secteur privé, le prix de l'eau peut grimper jusqu'à 9,48 $ le mètre cube! Le document précise que l'eau produite au Québec est de bonne qualité et que l'ensemble des municipalités du Québec ont investi plus de 480 millions de dollars par année en moyenne au cours des dix dernières années afin de se doter d'infrastructures liées au service de l'eau ou pour procéder à leur réfection. « En maintenant un rythme comparable d'investissements, les municipalités devraient être en mesure de satisfaire aux besoins en immobilisations pour le remplacement des infrastructures sur une période de 15 à 20 ans[31] », nous dit-on. Voilà de quoi rabattre le caquet de tous ceux qui réclament la privatisation à grands cris afin, prétendent-ils, de diminuer le coût de l'eau et investir dans la réfection d'aqueducs, soit-disant laissés à l'abandon.

---

31 Gouvernement du Québec, *Symposium sur la gestion de l'eau, op. cit.*

Tout va bien, la solution: privatiser!

Bien que le document de référence du symposium précise qu'aucun élément ne justifie de recourir au secteur privé pour la gestion des eaux dans les municipalités du Québec, le gouvernement, à l'encontre de toute logique, persiste à favoriser un « partenariat » privé-public.

La raison motivant ce « partenariat » est bien simple. Il s'agit de permettre au secteur privé de profiter de l'expertise des municipalités en matière de gestion de l'eau pour ensuite l'exporter, nous dit le document. Le maire Bourque, qui a fait partie de plusieurs délégations à l'étranger avec des firmes d'ingénieurs d'ici, a abondé dans le même sens lors d'une déclaration publique le 2 septembre 1997 en marge du Congrès mondial de l'eau tenu à Montréal[32]. Bref, nous voilà de retour à la case départ, c'est-à-dire au fameux rapport du ministère des Affaires municipales de février 1996, intitulé *Proposition d'un modèle québécois de privatisation des services d'eaux*. On y proposait la privatisation de l'eau, non pas pour offrir un meilleur service aux citoyens, mais d'abord et avant tout pour aider les firmes de génie conseil et de construction québécoises à acquérir une expertise qu'elles pourraient ensuite exporter à l'étranger. Il faut comprendre que, si nos firmes de génie ont une expertise pour la construction d'infrastructures, elles n'en ont aucune en ce qui concerne la gestion de l'eau et cela leur fait cruellement défaut lorsque vient le temps de s'approprier une part du lucratif marché mondial de l'eau estimé à 600 milliards de dollars pour les 10 prochaines années, selon la Banque mondiale.

Habituées aux largesses de l'État, les firmes de génie n'ont trouvé rien de plus naturel que d'exiger que l'expertise acquise par le secteur public leur soit cédée afin qu'elles puissent s'enrichir. Le tout est habilement qualifié de « partenariat ».

---

32 Louis-Gilles Francœur, « Bourque souhaite exporter le savoir-faire municipal », *Le Devoir*, 3 septembre 1997.

Non, c'est oui

La logique qui sous-tend toutes les actions gouvernementales dans ce dossier se révèle peu à peu : ce qu'on ne peut imposer de force, on le passera en douce. C'est peut-être pour cette raison que M. Luc Benoît, président de Tecsult (une firme de génie intéressée à l'aqueduc montréalais), était si confiant au lendemain du « non à la privatisation de l'eau » du maire Bourque. L'édition du 28 février 1997 de *La Presse* nous apprend que M. Benoît avait affirmé que la décision de Pierre Bourque donnait le temps au gouvernement du Québec de mettre en place les conditions pour privatiser l'eau à Montréal et ailleurs. Tout nous porte à croire que, déjà à l'époque, ce monsieur en savait beaucoup sur les intentions réelles du gouvernement Bouchard.

Embouteillage des eaux souterraines à Franklin

Il s'est déroulé en 1997 dans la petite municipalité de Franklin, située près de la frontière américaine, une bataille qui pourrait s'étendre à plusieurs régions du Québec. Cette bataille, c'est celle de l'eau. Après les dollars promis par la privatisation des aqueducs du Québec, c'est maintenant dans le captage et l'embouteillage des eaux souterraines que se trouverait la corne d'abondance.

Avec son projet de captage et d'embouteillage d'eau, la compagnie Aquaterra, filiale ontarienne de la multinationale française Danone (numéro deux mondial des eaux embouteillées) et propriétaire des eaux Labrador, promettait à la municipalité de Franklin la création de 50 emplois, la première année, et des investissements totaux de plus de 20 millions de dollars. À partir de ces seules informations, on voit mal les motifs qui pourraient inciter une petite municipalité de 1 800 habitants à dire non à un tel projet. Pourtant, plusieurs raisons invitent à la prudence et à la circonspection avant d'accorder une bénédiction rapide à la « généreuse » compagnie qui veut embouteiller l'une des eaux les plus pures du Québec.

David contre Goliath

Lors des essais de pompage réalisés par la compagnie, plusieurs citoyens ont éprouvé des difficultés d'approvisionnement en eau. M. André Hébert, citoyen de Franklin, est l'un d'eux. Il a subi des baisses anormales d'eau dans son puits lors des essais des mois d'août et septembre 1996. Le puits de monsieur Hébert est situé à 1,2 km du site où se déroulaient les essais de pompage. Or, le

« rayon d'influence », qui est la distance autour du puits d'exploitation pouvant être affectée par le pompage, est d'un kilomètre selon la réglementation du ministère de l'Environnement et de la Faune (MEF). Suite aux essais de pompage, le rayon d'influence a été agrandi à 1,5 km par la compagnie. C'était loin d'être suffisant, selon une étude critique des données du promoteur effectuée par Joseph J. Tremblay, hydrogéologue de Envirotecheau. M. Tremblay estimait que les eaux souterraines pourraient être affectées dans un rayon de dix kilomètres !

Le Comité des citoyens de Saint-Antoine-Abbé et Franklin souhaitait donc qu'une autre étude hydrogéologique soit effectuée pour mieux évaluer les impacts du pompage sur la nappe d'eau souterraine. Le ministère, qui se fiait aux données des promoteurs, ne jugeait pas la chose nécessaire et les citoyens n'avaient pas les moyens de financer une étude hydrogéologique au coût de 50 000 $ à 100 000 $!

Il faut dire que les citoyens qui s'opposaient au projet ont dépensé plus de 45 000 $ de leurs poches dans cette aventure, pour financer une étude agronomique et en frais d'avocats et d'expertise, pour défendre leur accès à de l'eau en qualité et quantité suffisante contre une multinationale.

Un site contaminé !

Le terrain que convoitait Aquaterra pour puiser son eau est celui de l'ancien institut Doréa pour handicapés et il appartient au ministère de la Santé et des Services sociaux. Fait plutôt étonnant, ce site est contaminé ! En effet, on trouve enfouis sur le site Doréa neuf réservoirs d'huile à chauffage. Le ministère de l'Environnement et de la Faune avait exigé que les travaux de décontamination soient complétés avant janvier 1996, ce qui n'a toujours pas été fait. Le terrain, qui vaut 1,5 million de dollar, aurait été vendu au montant de l'offre d'Aquaterra, soit 401 000 $. Ce prix, bien en-deçà de la valeur du terrain, aurait été « compensé » par le fait que la compagnie se serait engagée à décontaminer le site.

La démocratie a du plomb dans l'aile

Pendant plusieurs mois, des pressions de toutes sortes ont littéralement paralysé le Conseil municipal de Franklin. À titre d'exemple du chaos qui régnait dans la municipalité, M. Scott Disher, résident d'Hinchinbrooke, une municipalité voisine de Franklin, présent à la séance du Conseil municipal du 7 avril 1997, raconte dans une lettre envoyée à plusieurs politiciens (dont au ministre des Affaires municipales Rémy Trudel) qu'il a été personnellement menacé d'être battu et qu'un dirigeant d'une des plus importantes sociétés du Québec a été menacé de mort lors de cette session plutôt anarchique. « Les opposants au projet de captage d'eau par Danone se font régulièrement intimider et insulter », affirme Monique Desnommés, conseillère municipale de Franklin.

Victoire

Après des mois de lutte, les citoyens de Franklin ont finalement empêché la multinationale Danone de pomper sur leur territoire – sans qu'on connaisse les impacts réels sur la nappe phréatique – une quantité d'eau qui aurait été supérieure à celle des 33 embouteilleurs d'eau de source du Québec réunis[33]. Ils ont réussi à force d'acharnement et de persévérance et sans aucune aide du ministère de l'Environnement.

Danone, quant à elle, a essuyé deux autres refus des municipalités de Lochaber en Outaouais et de Saint-Placide près de Mirabel au cours de l'automne 1997. À chaque fois, la population s'est opposée aux projets, bien que la firme de relations publiques Nationale ait été présente sur place pour « informer » les citoyens des bienfaits du pompage d'eau dans leur région.

On se calme le pompon!

Rien ne presse pour accorder des contrats de captage et d'embouteillage d'eau souterraine au Québec, d'autant plus que les

---

33 Michael Manville, « Residents take on Aquaterra », *The Gazette*, 6 juin 1997.

règles concernant la redistribution des profits tirés de la vente d'eau embouteillée n'existent pas. Le gouvernement Bouchard, avec son moratoire de décembre 1997 sur les projets d'embouteillage d'eau, a fait un pas dans la bonne direction. Il faudra faire plus cependant pour protéger les nappes d'eau de pressions locales indues. Les lois qui régissent les nappes d'eau souterraines devront êtres modernisées, la pratique des gros utilisateurs d'eau souterraine devra être réglementée et des études sur les impacts environnementaux reliés à l'exploitation des eaux souterraines devront êtres menées, car il serait absurde que les conséquences à moyen et long terme d'une exploitation locale abusive de la nappe phréatique entraînent des dommages irréversibles et des coûts plus élevés que les bénéfices à court terme.

Il faudra que des priorités d'usage entre les différents utilisateurs (citoyens, agriculteurs, industries, piscicultures, embouteilleurs, etc.) soient établies en ayant en tête la pérennité de la ressource, les besoins locaux et non pas les seules retombées économiques immédiates. D'autant plus que des conflits d'usages ne tarderont pas à apparaître.

Déjà à Saint-Modeste, une petite municipalité du Bas-du-fleuve, des citoyens et des agriculteurs s'opposent au projet de la Ville de Rivière-du-Loup d'exploiter une nappe d'eau située sur leur territoire. Rivière-du-Loup espère économiser 600 000 $ par an en main-d'oeuvre et en produits chimiques en agissant ainsi. Des citoyens de Saint-Modeste ont vu baisser le niveau de leurs puits lors des tests de pompage et craignent pour leur approvisionnement. La population de Saint-Modeste s'est prononcée, le 20 avril 1997, à 85 % contre l'implantation d'un puits à grand débit. Le président du Comité de citoyens de Saint-Modeste souligne que les trois millions de gallons d'eau par jour que Rivière-du-Loup veut soutirer dans la nappe « équivalent à 2 800 camions-citernes par semaine, c'est-à-dire 28 fois plus qu'à Mirabel où les cultivateurs ont des problèmes[34] ».

Bien public, profits privés

Les embouteilleurs d'eau nous répètent que ce ne sont pas eux qui effectuent les plus grands prélèvements dans les nappes d'eau souterraines au Québec. Ils omettent de dire cependant qu'ils pompent une richesse collective, n'y ajoutent aucune valeur, ne paient aucune redevance à la collectivité et s'enrichissent de la vente d'un patrimoine collectif.

Dans ce contexte, l'instauration d'une redevance pour les embouteilleurs d'eau de source est un minimum. Les municipalités où l'on pompe l'eau souterraine pourraient y voir une source de revenus appréciable en ces temps de compressions budgétaires et de pelletage de factures. La nationalisation des eaux souterraines, de même que la possibilité pour l'État québécois d'embouteiller et de vendre l'eau de source devront faire l'objet de débats publics. Les profits tirés de cette activité seraient les bienvenus en cette époque où les revenus publics se font rares.

---

34 Jean-Charles Gagné, « Saint-Modeste devant la cour du Québec », *La terre de chez-nous*, 11 au 17 septembre 1997.

Le projet Grosse Balloune

Pendant quelques mois, il a régné au Québec une sorte de fébrilité autour de l'exportation de l'eau par bateau. Certains ténors ont bombardé l'opinion publique avec l'idée que tous les Québécois sont assis sur une mine d'or liquide et qu'il faut l'exploiter au plus vite. Or, il n'a fallu qu'une déclaration du ministre égyptien des Ressources hydriques, Mahmoud Abou-Zeïd, pour que le projet d'exportation massive d'eau par bateau-citerne tombe à l'eau. On se surprend donc que le gouvernement ait fait un bon bout de chemin avec ces promoteurs qui aspirent à devenir des émirs de l'eau. Après Grande Baleine, tout ce beau monde était-il embarqué dans le projet Grosse Balloune ?

L'idée d'exporter de l'eau par navire a été lancée lors du dernier sommet socio-économique par ce pharmacien qui a les mêmes initiales que Jésus-Christ. D'où lui est venue cette idée ? S'est-il dit : Si, lui, marchait sur l'eau, moi, je me contenterai de l'exporter ?

Le sauveur

Toujours est-il que cet homme, dont le plus haut fait d'armes est d'avoir placé des *chips* au ketchup et des cannettes de *Coke* de part et d'autre des rayons d'aspirines, est devenu pour d'obscures raisons un des nouveaux penseurs du Québec. « Môssieur » Coutu croit que l'équité salariale n'est pas une bonne chose, « môssieur » Coutu sent le désir de voir libéraliser certains gestes médicaux, « môssieur » Coutu veut exporter de l'eau.

Un gros bateau

Le projet d'exportation d'eau par bateau a bénéficié de deux appuis majeurs. Celui du vice-premier ministre du Québec, Bernard Landry, qui était à la droite de Jean Coutu lors de l'annonce du projet en conférence de presse. À cet appui, s'ajoute celui de la compagnie Les Industries Davie qui a déposé, dès octobre 1996, une demande de brevet pour modifier des pétroliers dans le but d'y transporter de l'eau.

La compagnie Les Industries Davie a été privatisée en 1996. Dominion Bridge l'a obtenue pour 1 $ et Québec s'est engagé à éponger un déficit de 25 millions de dollars et à y investir 15 millions en 5 ans via la Société générale de financement[35]. Sans compter que les gouvernements fédéral et provincial y ont englouti un milliard en dix ans ! Malgré tout cela, le chantier maritime Industries Davie éprouve des difficultés, car son carnet de commandes n'est pas très garni. Jean Coutu est donc arrivé en sauveur ! La campagne « L'eau c'est le Klondike » a fait son effet et, le 3 juillet 1997, le ministre Bernard Landry annonçait un nouveau crédit d'impôt pour la conversion ou la transformation importante de navires[36]. Bref, le projet semblait en bonne voie de se réaliser.

Heureusement, M. Mahmoud Abou-Zeïd a ramené tout ce beau monde sur terre en soulignant que les coûts de transport seraient prohibitifs comparés aux coûts de désalinisation de l'eau de mer. À la question qu'y avait-il derrière ce projet d'exportation d'eau, la réponse est : un gros bateau !

Les vraies possibilités d'exportation d'eau

L'exportation d'eau par bateau serait, tout au plus, un commerce marginal qui permettrait de diminuer les coûts de transport des pétroliers en leur faisant ramener de l'eau potable dans leur

---

35 Robert, Dutrisac, « Dominion Bridge dit valoir au moins 75 M $ », *Le Devoir*, 24 juillet 1997.

36 Gouvernement du Québec, « Bonification de l'aide fiscale pour l'industrie navale et autres mesures fiscales », Bulletin d'information du ministère des Finances, 3 juillet 1997.

ballasts lors du voyage de retour, à raison de 50 000 m³ chaque fois. En supposant que les 18 super pétroliers qui, en un an, font la navette de St-Romuald au port d'Oran en Algérie modifient leurs ballasts pour ce faire, les 900 000 m³ d'eau transportés équivaudraient à moins du tiers de la consommation annuelle de l'usine Molson à Montréal[37]. Bref, on est loin d'abreuver le tiers-monde comme monsieur Coutu le promettait.

Examinons quelles sont les autres possibilités d'exportation. Le marché de l'eau embouteillée est en pleine croissance mondiale et les exportations d'eau québécoises en bouteille ont crû de 2 000 % entre 1985 et 1996. Soulignons que 98 % des exportations d'eau en bouteille hors du Canada sont acheminées vers les États-Unis[38]. Il pourrait également être possible d'ensacher ou d'embouteiller de l'eau provenant des usines de filtration québécoises pour l'exporter. Mais les véritables débouchés pour l'exporation d'eau du Québec se trouvent vraisemblablement au sud. Selon certains juristes, grâce aux imprécisions que comporte le texte de l'ALÉNA, l'eau fait partie des « biens » de commerce reconnus par l'ALÉNA et, selon ce traité, nulle partie ne peut restreindre l'exportation de « biens » vers l'autre partie. En d'autres termes, si leur interprétation est juste, cela veut dire que le Canada a perdu la souveraineté sur ses eaux. Il faudrait peut-être s'inquiéter du fait que les projets de détournement des eaux canadiennes vers les États-Unis (où l'on prévoit des sécheresses vers l'an 2000) se multiplient. Certains d'entre eux ont déjà été réalisés ; d'autres projets, tel celui du Grand Canal cher à Robert Bourassa (dévier les eaux de la Baie James vers les États-Unis), pourraient être ressuscités.

---

37 La consommation de l'usine Molson s'élève à 3 390 801 mètres cubes pour l'année 1996.

38 Gouvernement du Québec, *Symposium sur la gestion de l'eau, op. cit.*

L'erreur britannique :
une leçon pour le Québec*

P armi tous les projets de privatisation avancés au Québec ces dernières années, celui du réseau d'eau potable de Montréal a fait saliver plusieurs grandes entreprises : Gaz Métropolitain, SNC-Lavalin, Tecsult, les grandes sociétés françaises de l'eau (Générale des eaux, Lyonnaise des eaux et Bouygues), et même le Fonds de Solidarité du Québec. M. Bernard Landry, intéressé au projet de privatiser tous les aqueducs au Québec, déclarait à l'automne 1996 que, dans nombre de pays la gestion privée de l'eau potable connaissait du succès. Nous sommes allés voir, pour vérifier ses dires, ce qui s'est fait en Grande-Bretagne.

Une privatisation coûteuse pour l'État britannique

En septembre 1989, le gouvernement britannique a procédé à la privatisation des sociétés d'État responsables de la filtration et de la distribution de l'eau en Angleterre et au pays de Galles. Les dix principales compagnies sont ainsi passées aux mains du secteur privé, allant rejoindre les rangs d'une vingtaine d'entreprises privées de taille plus modeste responsables de 20 % de l'approvisionnement en eau potable.

---

* Les chiffres qui suivent sont tirés des deux études de la Chaire d'études socio-économiques : Léo-Paul Lauzon, Martin Poirier et François Patenaude. *La privatisation de l'eau au Québec 1ère partie : les expériences dans le monde*, octobre 1996, 71 pages ; *2ième partie : le cas de Montréal et du Québec*, avril 1997, 110 pages.

Le gouvernement britannique a reçu une somme de 11,2 milliards de dollars de la vente des actions au public. Toutefois, les compagnies privatisées ont été renflouées à même les coffres de l'État pour 3,2 milliards de dollars et des réserves de liquidités de 6,8 milliards de dollars ont également été transférées aux dix compagnies. De plus, le gouvernement a effacé des dettes d'un montant de 10,7 milliards de dollars du bilan des compagnies privatisées. Dans les faits, les contribuables anglais se sont trouvés à défrayer 9,5 milliards de dollars pour brader leurs sociétés d'État de traitement et de distribution de l'eau.

Rentabilité exceptionnelle des compagnies de l'eau

Suite à la privatisation de 1989, les compagnies britanniques, disposant d'un monopole sur leurs territoires respectifs, ont prospéré à vue d'oeil. Les compagnies anglaises ont su dégager au fil des ans une rentabilité exceptionnelle : la marge bénéficiaire nette après impôts s'est maintenue à un niveau supérieur à 23 % pour chacune des années étudiées. C'est donc dire que pour chaque 100 $ prélevé chez les consommateurs, les actionnaires se sont mis plus de 23 $ dans les poches et ce, après impôts sur le revenu. En 1996, c'est 5,4 milliards de dollars que les six entreprises étudiées ont empochés en profits. Compte non tenu des frais exceptionnels, le bénéfice net a augmenté en moyenne de 9,1 % l'an, passant de 3,8 milliards de dollars en 1992 à 5,4 milliards en 1996, soit une hausse de 42 % en seulement quatre ans.

Les dernières années ont vu la prolifération de frais exceptionnels de toutes sortes. Ce n'est pas la première fois qu'une industrie fort profitable utilise des provisions comptables pour venir réduire artificiellement ses profits. Grâce à des frais de restructuration et autres frais exceptionnels d'un montant de 1,5 milliard de dollars, les compagnies anglaises ont caché des profits gênants et suspects et ont substantiellement réduit de façon artificielle leur marge bénéficiaire. En rajoutant ces frais aux bénéfices « officiels », on se rend compte que la marge bénéficiaire nette s'est maintenue à environ 28 % du chiffre d'affaires.

Les deux dernières années ont été de loin les plus rentables de l'industrie. Mis à part les frais exceptionnels, l'industrie a réalisé un rendement sur le capital de plus de 13 % après impôts pour 1995 et 1996. En considérant un impôt statutaire de 35 %, le rendement avant impôts est d'environ 20 %, un niveau plus élevé que la grande majorité des industries. Précisons également qu'en raison de la nature de ces firmes (monopole réglementé), il s'agit d'un rendement sans risque, presque aussi sûr que le rendement d'une obligation.

L'évitement de l'impôt par les compagnies anglaises

Le gouvernement a perçu très peu d'impôts sur le revenu des compagnies anglaises. Les actifs importants détenus par ces compagnies, et amortis plus rapidement au plan fiscal, leur permettent de reporter indéfiniment la majorité des impôts sur le revenu.

Sur des bénéfices avant impôts de 7,1 milliards de dollars, les compagnies n'ont versé au fisc anglais que 628 millions de dollars à titre d'impôts sur le revenu, ce qui représente un taux d'imposition effectif de seulement 8,9 %. De plus, comme ces entreprises reçoivent de nombreuses subventions du gouvernement pour leurs investissements, on ne parle plus, en réalité, d'un impôt payé, mais bien d'un remboursement puisque les subventions ont excédé les impôts sur le revenu pour chacune des années, sauf 1996. En totalisant les impôts sur le revenu payés et les subventions reçues, ce sont 240 millions de dollars qui ont été versés par le gouvernement anglais aux lucratives compagnies de l'eau.

Plus de dividendes, moins d'investissements

Les grandes compagnies de l'eau ont justifié les augmentations de prix des dernières années par les investissements colossaux qu'elles devaient faire. Si le prix de l'eau a bel et bien augmenté d'année en année, les investissements, eux, n'ont pas suivi la même tendance. Précisons que ces montants comprennent les investissements réalisés pour les activités non réglementées et les activités internationales, qui sont en pleine expansion. S'il avait été possible d'étudier seulement les investissements des activités réglementées, la chute aurait été encore plus brutale.

Selon certains analystes anglais, quatre compagnies anglaises de l'eau auraient investi l'an dernier significativement moins dans leurs réseaux que ce qui avait été convenu avec l'Office of Water Services (OFWAT), l'organisme chargé de réglementer cette industrie. Ce sont la North West Water (341 millions de dollars en moins), Severn Trent (200 millions), la Southern Water (230 millions) et Wessex Water (45 millions). Il apparaît donc clairement de ces données que les compagnies anglaises profitent pleinement des hausses de prix chargées aux consommateurs, sans procéder aux investissements qui les ont justifiées. En un an seulement, ces quatre compagnies ont impunément contourné l'OFWAT en investissant un milliard de dollars de moins que convenu.

Si, d'un côté, les administrateurs ne se gênent pas pour réduire les investissements qui auraient un impact sur la qualité du service, ils ne lésinent pas sur la dépense lorsque vient le temps de récompenser l'actionnaire. Les dividendes et rachats d'actions ont atteint le niveau record de 2,8 milliards de dollars en 1996, contre 1,7 milliard en 1995, soit une augmentation de 60,5 % en un an seulement!

Bien que moins évident que le dividende, le rachat d'actions par la compagnie représente bel et bien un accroissement de valeur pour les actionnaires restants et correspond, dans les faits, à un dividende déguisé. Comme il y a moins d'actions en circulation après un rachat, la valeur par action, le pourcentage de droit de votes et les dividendes reçus augmentent pour les actionnaires restants. Pour l'entreprise, cette sortie de fonds a le même impact sur sa situation financière qu'un dividende pur et simple.

Depuis 1992, l'appropriation du bénéfice net par les actionnaires ne cesse d'augmenter: en 1992, 33 % du bénéfice était distribué aux actionnaires sous forme de dividendes et de rachats d'actions, contre 57 % du bénéfice net en 1996. La privatisation de l'eau en Angleterre a provoqué un transfert de la richesse des usagers vers les détenteurs de capitaux: une partie importante de la facture de l'eau est constituée de dividendes et de rachats d'actions. En 1996, par exemple, la facture chargée aux citoyens aurait pu être réduite de 15 % n'eut été des versements en dividendes et rachats d'actions.

Tout comme les frais exceptionnels, qui viennent diminuer artificiellement le bénéfice, le rachat d'actions permet de dissimuler une rentabilité jugée gênante par les administrateurs. Pas étonnant que les rachats d'actions aient tous eu lieu au cours de la dernière année, alors que l'industrie de l'eau affichait des profits records.

Régression de l'emploi

Les profits ascendants des dernières années n'ont pas créé d'emplois dans l'industrie de l'eau potable en Angleterre. Bien au contraire : l'emploi a constamment régressé au cours des cinq dernières années et a connu sa chute la plus brutale en 1996, malgré une augmentation constante des bénéfices nets. Même si les bénéfices ont augmenté de 600 millions de dollars ou de 35 % au cours des quatre dernières années, l'emploi a diminué de 4 084 postes ou de 17 % entre 1992 et 1996.

À l'automne 1996, Serge Saucier, président de Raymond Chabot Martin Paré, affirmait que l'eau potable allait devenir la « nouvelle Baie James » du Québec. Tous les promoteurs québécois de la privatisation qui affirment que la privatisation des aqueducs créerait un immense chantier d'emplois devraient réfléchir à ces données de l'expérience britannique.

Salaires des hauts dirigeants en hausse

Si les salariés et les usagers ont fait les frais de la privatisation, les cadres, eux, s'en sont fort bien tirés. En 1996, le dirigeant le mieux payé, M.R. Hoffman, a touché une rémunération de 725 000 $, a obtenu des avantages de 818 000 $ à la retraite, et aurait pu réaliser des gains additionnels de 354 000 $ en exerçant ses options d'achat d'actions, pour un grand total de 1 897 000 $, une rémunération à faire pâlir d'envie tous les dirigeants de sociétés d'État et de services municipaux. La même disproportion de richesse, observée entre les actionnaires et les consommateurs d'eau, apparaît maintenant entre les bas salariés et les hauts dirigeants de cette industrie.

Il n'est pas inutile de montrer comment les hauts cadres peuvent être fort généreux envers eux-mêmes lorsqu'ils quittent l'entreprise, à défaut de l'être envers les milliers d'employés qu'ils remercient lors de « restructurations ». Deux des six dirigeants les mieux payés ont pris leur retraite en 1996 en plus de bénéficier d'avantages fort intéressants. M.R. Hoffman, de la Thames Water, a reçu pour ses vieux jours la rondelette somme de 818 000 $. La South West Water n'a pas été moins généreuse envers W.H. Fraser, qui a reçu sensiblement la même somme en liquidités, versement au fonds de pension, autres avantages et sommes à recevoir au cours de la prochaine année à titre d'honoraires professionnels.

Un service vital de moins en moins accessible

Pour les moins nantis d'Angleterre, payer la facture d'eau est devenu un véritable cauchemar depuis la privatisation. Durant les quatre années qui ont suivi la privatisation, le prix de l'eau a augmenté de 55 %, soit en moyenne de 11,6 % par année. La tarification de l'eau est une forme excessivement régressive de taxation des particuliers. Comme l'eau est un bien essentiel, ce sont les ménages à faibles revenus qui font les frais d'une tarification à la consommation. Les hausses de tarifs ont été généralisées à l'ensemble de l'industrie, allant selon l'entreprise d'un minimum de 10,7 % d'augmentation en 1991 et de 12,7 % en 1992, à un maximum de respectivement 14,7 % et 16,7 %. La hausse moyenne a été supérieure à l'inflation de 5,1 % durant les deux années, supposément pour permettre aux compagnies de l'eau d'investir dans leurs infrastructures. Dans les faits, ce sont les consommateurs qui ont défrayé les investissements dans les réseaux d'aqueducs, les dividendes versés, les salaires élevés des dirigeants, etc.

La privatisation a donné lieu à une tarification et à un recouvrement des comptes plus agressifs. Entre autres mesures, les compagnies ont installé des compteurs d'eau, financés par les consommateurs. Comme c'est l'entreprise privée qui s'occupe du recouvrement, la situation devient intenable pour plusieurs familles défavorisées, obligées de payer des tarifs excessifs sous peine de se voir interdire l'approvisionnement en eau potable. En Grande-

Bretagne, les grandes compagnies privées ne se sont pas gênées pour couper l'approvisionnement à plusieurs milliers de ménages pour cause de non-paiement. Suite à la privatisation de 1989, le nombre d'interruptions de service pour cause de non-paiement a augmenté drastiquement. En une seule année, de 1991 à 1992, le nombre de ménages ayant goûté à cette médecine a triplé, passant de 7 273 à 21 586. La qualité de l'eau a également souffert de la privatisation. Le nombre de cas de dysenterie, une maladie ayant généralement comme cause la consommation d'eau contaminée, est passé de 2 756 en 1990 à 9 935 en 1991, soit un nombre environ quatre fois plus élevé de cas.

Depuis quelques années, on note cependant une diminution statistique des « coupures d'eau » grâce à un nouveau gadget : les consommateurs doivent insérer régulièrement une carte de débit dans un dispositif, sans quoi l'eau leur est automatiquement coupée. Plus besoin de passer par les tribunaux pour couper un service essentiel à des familles nécessiteuses. Les consommateurs doivent payer d'avance pour ce service vital et se coupent « volontairement » le service lorsqu'en difficultés financières.

Les pénuries d'eau dans le Yorkshire durant l'été 1995 ont fini par exaspérer les citoyens. La Yorkshire Water, qui approvisionne 4,5 millions d'habitants dans le nord-est de l'Angleterre, a mis cette pénurie sur le dos de la sécheresse de l'été précédent. Les citoyens, eux, se sont souvenus de l'habitude qu'a la compagnie de rétribuer généreusement ses dirigeants et actionnaires au lieu d'investir dans la réfection des aqueducs désuets datant du début du siècle. L'ensemble du système est si défaillant qu'il laisse 29 % de son eau traitée se perdre en route chez le consommateur. Trevor Newton, le chef de l'exploitation de la Yorkshire Water, est devenu une cible de choix face à la frustration montante des gens du Yorkshire durant la pénurie d'eau, depuis qu'il a affirmé à la télévision qu'il n'avait pas pris de bain ni de douche depuis 3 mois et qu'on pouvait très bien se laver avec une bassine d'eau.

Au printemps 1997, la société Anglian Water PLC étudiait la possibilité de construire une usine de désalinisation de l'eau de mer même si ce procédé est trois ou quatre fois plus cher que traiter les eaux de surface. C'est qu'après deux années consécutives de sécheresse, l'eau commence à manquer. De nombreuses voix se sont élevées dans la population pour pointer du doigt les compagnies privées qui ont aggravé la pénurie en négligeant l'entretien de leurs réseaux qui laissent fuir d'énormes quantités d'eau en chemin. La société Thames Water, concessionnaire du réseau de Londres, reconnaît que les fuites représentent 38 % de l'eau distribuée.

Les compagnies privatisées ne se contentent pas de couper l'eau aux ménages en défaut de paiement, elles coupent même l'approvisionnement aux ménages qui peuvent payer, par leur négligence à investir suffisamment dans leurs réseaux de distribution.

Une déclaration surprenante

Le président du Groupe SNC-Lavalin, Jacques Lamarre, a dit le 15 octobre 1997, qu'il fallait privatiser « dans tous les secteurs où l'État ne joue pas son rôle traditionnel », notamment l'approvisionnement en eau potable et les services d'aqueducs. Il a ajouté du même souffle qu'il fallait s'inspirer de l'expérience du Royaume-Uni car, selon lui, « c'est le modèle à suivre ![39] ».

La déclaration de M. Lamarre à de quoi faire frémir, lorsque l'on sait le scandale mondial que fut la privatisation de l'eau en Angleterre. D'autant que le nouveau premier ministre britannique Tony Blair vient d'imposer une taxe exceptionnelle sur les « bénéfices excessifs » des entreprises privatisées appartenant aux anciens services publics. Le secteur de l'eau y contribuera à hauteur de 2,7 milliards de dollars pour les deux prochaines années[40]. Cette nouvelle taxe vise à réparer une partie des dégâts causés par le « miracle de la privatisation » en Angleterre.

Les paroles de M. Lamarre peuvent cependant faire du sens si on garde en tête que la privatisation des compagnies d'eau, bien

---

39 François Normand, « Le président de SNC-Lavalin croit que le Québec devrait s'inspirer du Royaume-Uni », *Le Devoir*, 16 octobre 1997.
40 AFP Londres, « Dépot du budget en Grande-Bretagne », *Le Devoir*, 3 juillet 1997.

qu'elle ait été un vrai désastre pour les citoyens, a permis d'effectuer un net transfert de la richesse des consommateurs, des travailleurs et des citoyens vers les détenteurs de capitaux et les dirigeants d'entreprises privées. Les compagnies privées, leurs dirigeants et leurs actionnaires ont donc tout à gagner des privatisations et cela, les bonzes qui songent à privatiser les réseaux d'aqueducs au Québec en général, et à Montréal en particulier, ne l'ignorent pas.

L'expérience française :
immorale mais très rentable !

Trois des plus sérieux aspirants à la distribution de l'eau à Montréal sont des compagnies françaises. Il y a d'abord la Compagnie générale des eaux (CGE), dont le chiffre d'affaires annuel pour 1996 s'élevait à plus de 40 milliards de dollars. La CGE est le numéro deux mondial de l'eau et est présente sur tous les continents. Au début de 1997, la Générale des eaux a fusionné avec le numéro cinq mondial des communications, le groupe Havas.

La Lyonnaise des eaux, qui affichait un chiffre d'affaires annuel de 30 milliards en 1996, est la plus importante compagnie de l'eau au monde. En avril 1997, la Lyonnaise a annoncé sa fusion avec le groupe Suez, faisant ainsi passer son chiffre d'affaires de 30 à 50 milliards ! Le but avoué de Suez-Lyonnaise des eaux est de devenir le numéro un mondial des services collectifs de proximité (eau, énergie, propreté et communication). La Corporation financière Power est devenue un actionnaire significatif de Suez-Lyonnaise en 1997, confirmant ainsi son intérêt pour les services publics.

Le groupe Bouygues est le numéro un français des travaux publics et la troisième plus importante compagnie française dans le domaine de l'eau. Son chiffre d'affaires annuel pour 1996 est de 20 milliards. La possibilité que Suez-Lyonnaise avale le groupe Bouygues a été évoquée au printemps 1997.

L'eau: la vache à lait

Contrairement aux compagnies anglaises de l'eau, qui tirent la grande majorité de leurs revenus de cette activité, les compagnies françaises sont très largement diversifiées. À titre de comparaison, seulement 27 % du chiffre d'affaires de la Lyonnaise des eaux provient de la filtration, de l'épuration et de la distribution de l'eau. Ce pourcentage tombe à 18 % pour la Générale des eaux et à moins de 10 % pour Bouygues. Malheureusement, les états financiers des trois compagnies françaises contiennent, selon le cas, très peu ou pas du tout d'informations sectorielles. À partir des quelques données financières disponibles, nous pouvons toutefois affirmer que l'industrie de l'eau représente, dans les faits, une vache à lait pour les trois groupes français. La Lyonnaise, par exemple, tire de l'eau la majorité de son résultat net, même si ce secteur représente une part relativement modeste de son chiffre d'affaires. Au cours des trois dernières années, la portion du chiffre d'affaires de la Lyonnaise des eaux, pour la distribution et le traitement de l'eau, a représenté entre 25 % et 30 % du chiffre d'affaires des secteurs rentables, alors que la contribution de ce secteur aux résultats nets (excluant les secteurs non rentables) oscillait, pour la même période, entre 60 % et 70 % des résultats nets totaux. Il est clair que la Lyonnaise des eaux profite abondamment de ses activités de traitement et de distribution d'eau, et rien ne nous laisse croire qu'il en va différemment pour la Compagnie générale des eaux et pour Bouygues. Tous ces profits ont pu être réalisés même si, dans la majorité des pays, les trois multinationales doivent oeuvrer sous la gouverne d'une régie ou d'une agence nationale de l'eau. Soulignons que la privatisation entraîne presque inévitablement une hausse faramineuse du prix de l'eau. À Paris, le prix de l'eau a augmenté de 154 % depuis la privatisation en 1984, alors que l'inflation n'a été que de 54 % au cours de la même période. À Strasbourg, l'augmentation du prix de l'eau a été de 16 % en 1994. À Grenoble, le prix de l'eau a presque triplé entre 1989, année de la privatisation, et 1995, passant de 4,85 francs le mètre cube à 13,59 francs. Selon un document déposé à l'Assemblée nationale de France, le prix de l'eau sur le territoire français a augmenté en moyenne de 46,71% entre 1990 et 1994.

L'intégrité des trois géants français

Les trois colosses de l'eau en France connaissent une croissance fulgurante depuis 10 ans. Parallèlement, le nombre d'accusations de corruption à leur encontre subit la même poussée. Les pdg de Bouygues, de la Lyonnaise et de la Générale ont à tour de rôle été mis en examen dans des affaires de corruption. De nombreux cadres supérieurs sont soupçonnés d'avoir versé des contributions occultes à des maires, des députés, des partis politiques en échange de contrats publics, notamment dans l'eau. Certains d'entre eux ont été jugés et sont maintenant emprisonnés.

Un marché lucratif

L'eau potable représente un secteur très lucratif pour les compagnies privées, puisqu'elle est nécessaire à la vie de tous les jours et que les compagnies qui détiennent des aqueducs sont en situation de monopole. La Banque mondiale a même indiqué dans une étude récente qu'il faudrait investir 600 milliards de dollars au cours des dix prochaines années pour fournir de l'eau potable aux populations du tiers-monde et pour assainir les eaux usées des grandes villes des pays développés. L'eau est devenue une des priorités de la planète. Des intérêts puissants regardent de près le « marché » de l'eau. Soulignons que Jérôme Monod, le pdg de la Lyonnaise, est l'un des sept conseillers du nouveau patron de la Banque mondiale et que la Lyonnaise vient de remporter le contrat de l'eau dans la bande de Gaza, lequel est financé par la Banque mondiale !

Un seul but, le profit

Les agissements des compagnies françaises de l'eau sont révélateurs de leur préoccupation unique : le profit. Elles n'hésitent pas à adopter des comportements qu'on peut questionner d'un point de vue moral. Par exemple, à Buenos Aires, la Lyonnaise des eaux a décidé de peindre de couleurs vives le trottoir devant les maisons des mauvais payeurs afin de les avertir qu'on risque de leur couper l'eau ! Certaines compagnies ont livré de l'eau impropre à la consommation. Deux exemples : en Argentine, les citoyens de la ville de Tucuman affirment que la Générale des eaux leur a livré de l'eau contaminée assez dangereuse pour provoquer le choléra, la typhoïde et l'hépatite. Ironiquement, on avait doublé leurs tarifs l'année précédente. En France, la Générale des eaux a été poursuivie en justice avec succès, en juillet 1994, pour avoir fourni de l'eau de mauvaise qualité à une communauté en France (à Trégeux, en Côte d'Armor).

La police des eaux

Le livre *Gestions urbaines de l'eau*, publié en 1995, est particulièrement instructif quant aux agissements des compagnies françaises dans le tiers-monde. Parmi les rédacteurs de cet ouvrage, on retrouve des gens de la Lyonnaise des eaux, de la Générale des eaux et du groupe Bouygues, en plus d'un conseiller de la Banque mondiale et d'un directeur-adjoint aux Nations-unies.

Le livre révèle qu'en Guinée, où une compagnie formée de l'association Bouygues et de la Générale des eaux opère le réseau d'eau potable, on a fait intervenir l'armée pour arracher des branchements illégaux ou pour couper des branchements d'eau en cas de non-paiement. Une législation devrait être introduite prochainement en Guinée pour la création d'une police des eaux.

Les sociétés françaises sont en faveur d'une telle police et ne s'en cachent pas. Elles affirment dans le livre *Gestions urbaines de l'eau* que « l'inexistence d'une police des eaux est un grand obstacle à la privatisation dans la mesure où l'absence de règles empêche une bonne politique de recouvrement financier ».

Les grandes sociétés françaises appliquent une politique générale du « profit d'abord ». Ce qui a parfois des conséquences graves lorsque la marchandise vendue est le liquide le plus essentiel à la vie. Mais qu'importe, on impose une « très grande rigueur dans l'application des mesures de coercition ». En Côte d'Ivoire, le groupe Bouygues, qui opère la compagnie d'eau, a réussi à obtenir un taux d'encaissement des factures émises de 97% pour l'année 1993. Le tout dans un pays où « 90% des abonnés (...) sont économiquement faibles et consomment très peu d'eau ». Le groupe Bouygues a également trouvé un moyen de maintenir la marge de profit en Côte d'Ivoire, en créant les bornes fontaines Yacoli. Ces dernières, décrites dans *Gestions urbaines de l'eau* comme une innovation, ont permis la « suppression des bornes fontaines gratuites et une intensification de la chasse aux vendeurs illégaux d'eau » !

Réfléchir deux fois plutôt qu'une

La logique la plus élémentaire exige de réfléchir aux implications et aux risques pour les citoyens et la Ville avant de privatiser le service d'eau potable. Or, l'attitude des partisans du néolibéralisme en est plutôt une d'obstination dénuée de sens critique exigeant l'entrée en scène des sociétés privées dans les services publics, coûte que coûte. Leur reconnaissance des risques « théoriques » de la corruption (qui semblent trouver leur aboutissement de façon très fréquente dans le cas des sociétés d'eau françaises), n'arrive même pas à leur inspirer une plus grande méfiance envers un système qui génère autant de « louvoiement moral » chez ses dirigeants.

L'augmentation inévitable des prix suite à la privatisation et les comportements questionnables des compagnies françaises dans le tiers-monde devraient également inciter des gens comme le maire Bourque ou le ministre Bernard Landry, qui affirmaient à l'automne 1996 que les privatisations d'eau dans le monde s'étaient révélées des expériences heureuses, à réfléchir deux fois plutôt qu'une avant de se prononcer en faveur de la privatisation de l'eau au Québec.

La firme SNC-Lavalin s'en mettrait plein les poches

Pourquoi privatiser les réseaux d'aqueducs du Québec ? Le ministère des Affaires municipales est clair : c'est pour aider les firmes d'ingénierie québécoises. Voici un portrait de l'entreprise qui a tout à gagner de la privatisation des aqueducs québécois.

L'histoire de SNC-Lavalin est jalonnée d'aides gouvernementales de toutes sortes. C'est en premier lieu la société d'État Hydro-Québec, avec ses contrats préférentiels aux firmes d'ingénierie québécoises, qui lui a donné son statut international. SNC-Lavalin, qui est née de l'État, ne sera jamais tout à fait sevrée.

En 1986, la firme a pu mettre la main sur la société d'État Les Arsenaux canadiens, responsable de la fabrication des munitions de gros calibre pour la Défense canadienne. Cette société, d'une valeur marchande d'environ 89 millions de dollars, a été cédée pour aussi peu que 59 millions[41]. Cet achat a été financé grâce au Régime d'épargne-actions du Québec, au coût de 9 millions de dollars pour les contribuables québécois.

La firme d'ingénierie a aussi profité de l'aide du Québec lors de l'achat des actifs de Lavalin, en 1991. La Société de développement industriel (SDI) et la Société d'expansion des exportations (SEE) ont octroyé des prêts de respectivement 25 millions et 5 millions de dollars. Les deux sociétés d'État ont également sous-

---

41 Le prix de vente était initialement de 88 millions de dollars. Le gouvernement a toutefois remboursé par la suite 29 millions à SNC-Lavalin.

crit pour un montant de 3,6 millions de dollars en actions subalternes de SNC. L'État a donc financé plus de 54 % du coût d'acquisition des actifs de Lavalin (67 millions de dollars).

Évidemment, SNC-Lavalin a eu droit à son petit barrage hydroélectrique. Hydro-Québec lui a cédé en 1996, en pleine Commission Doyon[42], le barrage de St-Alban, d'une puissance de 8,2 mégawatts, pour seulement 400 000 $.

SNC-Lavalin au crochet de l'État

SNC-Lavalin est totalement dépendant des contrats gouvernementaux pour assurer sa rentabilité. En 1993, la valeur des contrats gouvernementaux représentait 46 % de la valeur totale des contrats auquel SNC-Lavalin participe. C'est grâce à Hydro-Québec, à l'ACDI et au projet Hibernia, notamment, si SNC-Lavalin a pu maintenir des ventes respectables.

Soulignons que, pour les ventes à l'exportation, SNC-Lavalin profite de la contribution en espèces sonnantes et trébuchantes de la Société d'expansion des exportations (SEE). Sans cette société d'État, plusieurs projets de SNC-Lavalin en Asie, en Afrique et en Amérique latine n'auraient jamais vu le jour ou auraient été plus risqués et moins rentables.

SNC-Lavalin reçoit beaucoup de l'État, mais n'en retourne que fort peu. Au cours des dix dernières années, le taux d'imposition effectif de l'entreprise n'a été que de 20 %, alors que des bénéfices avant impôts de 221 millions de dollars ont été réalisés. Fait intéressant, SNC-Lavalin possède des filiales dans les Bermudes, à Trinité et Tobago et aux Pays-Bas, histoire de profiter davantage des largesses du fisc.

L'excellente rentabilité de SNC-Lavalin

Ces cadeaux de l'État ont eu leur effet sur les résultats de SNC-Lavalin. De 1991 à 1995, le bénéfice net a augmenté de 650 %, passant de 4 millions à 31 millions de dollars. Ces bénéfices

---

42 Commission chargée d'enquêter sur la production privée d'électricité.

exceptionnels ont permis à M. Guy St-Pierre de se rémunérer grassement: son salaire a connu une hausse prodigieuse de 123% entre 1992 et 1995 et il a pu bénéficier en 1994 et 1995 d'une rémunération annuelle de 800 000 $.

Cette rémunération ne comprend évidemment pas les généreuses options d'achat d'actions octroyées, de même que les rentes de retraite. À titre d'exemple, la valeur latente des options d'achat d'actions à la fin de l'année 1995 pour M. St-Pierre était de près de 2 millions de dollars.

Pourquoi donner les aqueducs québécois à SNC-Lavalin?

Qu'est-ce qui motive le gouvernement à brader les aqueducs québécois au profit de SNC-Lavalin? Ce n'est certes pas l'intérêt des citoyens, puisque le ministère des Affaires municipales reconnaît lui-même qu'une privatisation de l'eau entraînerait inévitablement des tarifs plus élevés pour les consommateurs. Pourquoi alors privatiser?

Il faut chercher l'explication du côté du lobby politique. L'organisation de SNC-Lavalin regorge de personnalités politiques qui peuvent utiliser leurs contacts pour le bien de l'entreprise; outre Guy St-Pierre, qui fut ministre libéral au gouvernement du Québec, la firme peut compter sur l'aide d'un ex-premier ministre du Québec (Pierre-Marc Johnson), d'un ex-maire de Montréal (Jean Doré), de l'ex-bras droit du maire Jean Drapeau (Yvon Lamarre) et de l'ancien secrétaire du Cabinet du gouvernement du Canada (Paul M. Tellier).

SNC-Lavalin a pu compter sur le généreux coup de pouce de Pierre-Marc Johnson lors du symposium sur la gestion de l'eau au Québec. M. Johnson était l'un des conférenciers et voici, tel que rapporté dans *La Presse* du 12 décembre 1997, un résumé des propos qu'il a tenus: «M. Johnson a ouvertement plaidé en faveur d'une participation importante du secteur privé québécois dans le développement d'un éventuel marché québécois de l'eau potable, notamment au chapitre de l'exportation de l'expertise de l'ingéniérie québécoise. (...) Il a balayé du revers de la main la vision « étatiste » que des groupes de pression (...) tentent d'imposer au gouvernement dans le débat actuel sur l'avenir de la gestion de l'eau potable.»

M. St-Pierre est passé maître dans l'art de se faire des amis dans les milieux politiques. Il s'est même fait inviter par le maire Bourque pour siéger sur son « comité des sages ». Il ne s'est pas gêné pour conseiller au maire de tout privatiser. En effet, SNC-Lavalin s'est déjà déclarée intéressée à l'eau potable, à la voirie, au transport en commun, à la gestion des déchets, bref à tout ce qui peut être privatisé au plan municipal. Pour citer la porte-parole de SNC-Lavalin, Mme Suzanne Lalande : « Tout ce qui s'appelle privatisation nous intéresse[43] ». Beau cas de conflit d'intérêts pour M. St-Pierre !

Comment l'entreprise peut-elle détenir une expertise dans tous ces domaines ? La véritable expertise de SNC-Lavalin, c'est de profiter tranquillement du démantèlement de l'État en s'accaparant les biens publics à faible prix grâce au lobby politique. L'intérêt pour les citoyens dans tout cela est on ne peut plus obscur mais, comme l'affirme un document du ministère des Affaires municipales, « il faut savoir gérer de façon efficace la perception des consommateurs[44] ».

Le nouveau pdg de SNC-Lavalin, Jacques Lamarre, a affirmé en 1996 qu'il comptait faire passer son chiffre d'affaires de un à deux milliards de dollars en cinq ans. En lui faisant cadeau des aqueducs québécois, nul doute que le gouvernement lui donnerait un sérieux coup de pouce !

---

43 Brian Myles, « L'eau et les immeubles intéressent aussi SNC-Lavalin », *Le Devoir*, 14 mars 1996.
44 Ministère des Affaires municipales, « Proposition d'un modèle québécois de privatisation des services d'eau », *op. cit.*

Hydro-Québec

De la révolution tranquille à la capitulation tranquille?

Léo-Paul Lauzon et Martin Poirier

L a nationalisation de l'électricité, amorcée en 1944 et complétée en 1963, a permis de bâtir un extraordinaire outil de développement économique pour tous les Québécois. Cette nationalisation fut nécessaire en raison de l'incapacité du secteur privé d'électrifier les régions et d'offrir un service et un prix convenables aux citoyens, tout cela en réalisant des profits exorbitants. Hydro-Québec, créée afin de remédier à ces lacunes, s'est avérée un franc succès.

Au nom de l'assainissement des finances publiques et de la libéralisation des marchés, nos gouvernements ont décidé de démanteler nos acquis collectifs sans mandat de la population et sans aucune consultation publique. Pour l'électricité, par exemple, le gouvernement a intensifié le recours à la production privée. Dorénavant, les producteurs privés pourront construire des barrages allant jusqu'à 50 mégawatts, le double de la limite autorisée auparavant. Rappelons que la production privée a mené à ce beau gâchis qui a coûté 75 millions de dollars à Hydro-Québec de 1993 à 1995.

Le gouvernement a également déréglementé le transport de l'électricité au Québec; Hydro-Québec n'est même plus maître de ses propre lignes de transport à haute tension. Fait cocasse, c'est le gouvernement du Parti québécois, prétendument souverainiste, qui a assujetti le transport d'électricité aux conditions déterminées par la Federal Energy Regulatory Commission, un organisme de réglementation américain.

L'ouverture des marchés de l'électricité s'est préparée en catimini, parallèlement aux travaux de la Table de consultation sur l'énergie. Alors que tous les intervenants étaient appelés à se prononcer lors de cette consultation, l'agenda du gouvernement était préparé d'avance.

La Régie de l'énergie, formée suite à un fort consensus des intervenants à la Table de consultation sur l'énergie, est une coquille vide à peu près inutile ; le gouvernement reporte de mois en mois la promulgation des articles de loi lui donnant juridiction et pouvoir d'agir. La Régie devait se pencher sur la déréglementation de l'électricité ; le marché est déréglementé depuis plus de six mois, et on ne voit toujours pas quand et comment la Régie pourra étudier la question.

La déréglementation de l'énergie: un vol de la collectivité

Depuis le premier mai 1997, Hydro-Québec ne détient plus l'exclusivité de la vente et de l'achat en gros d'électricité au Québec. Nos politiciens ont décidé dans le plus grand secret d'abandonner ce monopole historique et de déréglementer le marché, à l'insu et au plus grand mépris de la population qui débattait publiquement des politiques énergétiques au même moment. Suite à cette concession aux Américains, la facture sera fort coûteuse pour le citoyen québécois.

Si les États-Unis ont déréglementé leur marché ces dernières années, c'est parce que le coût de l'électricité variait énormément d'un État à un autre (5 ¢ à 15 ¢ le kWh). Les États où l'électricité était la plus chère, comme la Californie, ont simplement réagi aux doléances des grandes entreprises qui menaçaient de déménager ailleurs. Ce sont ces États qui ont d'abord poussé la déréglementation, pour pouvoir profiter de l'électricité moins chère des États voisins.

Ce n'est pas le secteur résidentiel, mais la grande entreprise, qui a profité de ces politiques. Aux États-Unis, le prix de revient moyen du kWh avoisine 4,5 ¢, mais certains très gros utilisateurs le paient moins de 2 ¢. À l'inverse, la facture des particuliers peut atteindre 16 ¢ en période de forte demande. Autre exemple: en mars 1997, la Consolidated Edison Company a réduit ses tarifs de 25 % pour les grands consommateurs industriels, alors que la baisse n'a été que de 3,3 % pour le secteur résidentiel et les petites entreprises.

Le Québec connaissait le même problème que les États-Unis il y a un demi-siècle. L'électricité vendue par les entreprises privées était dispendieuse et les tarifs variaient beaucoup d'une région à l'autre. Le Québec a répondu à ce problème en nationalisant et fusionnant les entreprises privées d'électricité pour créer Hydro-Québec, puis en appliquant une politique de tarifs uniformes à toutes les régions. Les résultats ont été plus que satisfaisants : l'électricité du Québec est une des moins chères en Amérique du Nord et tous les clients résidentiels d'Hydro, quelle que soit leur localisation, ont droit au même tarif.

Les États-Unis ont apporté une solution américaine au problème de la disparité des tarifs, nous y avons apporté une solution québécoise. Quel serait l'avantage pour le Québec d'ouvrir son marché de l'énergie, sinon de faire profiter aux Américains de nos tarifs avantageux et de nos faibles coûts de production ?

Les grands perdants : les consommateurs

Qui profitera de la déréglementation de l'énergie ? Comme dans tout processus de déréglementation, il y aura des gagnants et des perdants. L'expérience de la téléphonie est à cet effet fort révélatrice.

En 1992, le CRTC a ouvert la voie à la concurrence dans les interurbains, la vache à lait qui aide à financer le service local. Depuis, de nombreuses entreprises, principalement américaines (dont Sprint et AT&T), se sont lancées à la conquête de ce lucratif marché. De 1985 à 1995, le prix des interurbains a diminué de 50 %, malgré une inflation de 39 % durant la même période.

Évidemment, cette nouvelle concurrence a fait fondre les revenus de l'interurbain chez Bell Canada et autres monopoles du téléphone. En deux ans seulement, les revenus d'interurbains de Bell ont chuté de 12 %, passant de 3,7 milliards de dollars à 3,3 milliards. Durant ces deux années, Bell a perdu 4 500 emplois, au profit des compagnies américaines.

Les compagnies qui fournissent le service local ont fait pression pour obtenir du CRTC l'extension de la concurrence au service local, puisqu'elles assumaient seules les coûts du local alors que tous avaient accès au marché des interurbains. Bell estime que suite à la concurrence dans le service local, le coût pour le consommateur augmentera de 70 %. Les grands gagnants de cette nouvelle concurrence sont les entreprises et les mieux nantis, qui utilisent largement les services interurbains, alors que tous les consommateurs, y compris les plus démunis, feront les frais de cette politique.

Le CRTC et Bell Canada sont tout à fait conscients qu'une telle hausse de prix du service local risque d'amener une baisse de l'accessibilité à ce service essentiel. Bell a d'ailleurs proposé au CRTC de subventionner les plus démunis pour garantir l'accessibilité, proposition qui a été catégoriquement refusée par le CRTC. Nous avons la preuve, avec la téléphonie, que la concurrence n'amène pas toujours une baisse des prix.

Le même phénomène va se reproduire avec la déréglementation de l'énergie. Jusqu'à tout récemment, Hydro-Québec était une immense coopérative administrée par l'État et dont chaque Québécois était sociétaire. La rente hydraulique et le rendement sur le capital d'Hydro étaient redistribués à l'ensemble des consommateurs du résidentiel sous forme de tarifs d'électricité avantageux et de redevances gouvernementales.

Le nouveau pdg d'Hydro-Québec, André Caillé, a été très clair à ce sujet : plus question pour Hydro de « redistribuer la richesse », selon ses propres dires. Le prix demandé aux Québécois pour leur électricité, ce sera dorénavant le « prix du marché ». Et les économistes s'entendent, ce prix devrait être environ 50 % plus élevé que le prix actuel, dont 20 % en raison de l'interfinancement. Malgré les promesses rassurantes et un « supposé » gel de tarifs d'électricité au cours des quatre prochaines années, une forte hausse tarifaire pour le secteur domestique est à prévoir très bientôt.

Des opportunités pour les entreprises

Un colloque sur la restructuration de l'énergie au Québec s'est tenu au début du mois de mai 1997, soit au moment même de la déréglementation du marché du gros au Québec. Pour 1 800 $ par personne, les commerçants et industriels ont pu, comme le clamait le feuillet de l'événement, « saisir les occasions en or que procurera l'ouverture des marchés » et « influencer les décideurs en tant que gros consommateurs ».

Et des décideurs à influencer, il y en avait : le sous-ministre des Ressources naturelles, un sous-ministre associé et un directeur responsables de la future Régie de l'énergie, l'ex-président de la Table de consultation sur l'énergie (Alban D'Amours), trois directeurs d'Hydro-Québec et Hydro-Québec International, une vice-présidente de SOQUIP... Une belle brochette de fonctionnaires qui ont écouté avec attention les exigences et doléances des participants.

Les représentants du secteur privé étaient également présents : l'Alliance des manufacturiers et exportateurs du Québec, l'Association québécoise des consommateurs industriels d'électricité, l'Association des consommateurs industriels de gaz ainsi que Boralex, le plus important producteur privé d'électricité au Québec.

Pour les citoyens québécois qui devront payer la facture de la déréglementation, on ne peut pas dire que la transparence était au rendez-vous. L'information sortait au compte-goutte. Les entreprises, elles, ont cependant eu droit à de l'information privilégiée sur l'évolution des tarifs de l'énergie et sur la restructuration du marché de l'énergie.

Cette conférence s'adressait non seulement à l'entreprise privée, mais également aux maires. Avec ce processus de classification des rivières, chaque maire au Québec voudra avoir son petit barrage privé à inaugurer pour peu qu'un cours d'eau passe dans sa municipalité. On voit tout de suite se profiler le beau gâchis à l'horizon.

Le vice-président exécutif de Boralex a d'ailleurs fait une présentation intitulée « La production d'électricité au moyen de petites centrales hydro-électriques : un essor fulgurant est à prévoir » dans laquelle il vantait les petites centrales comme outil de développement économique régional. Douteux l'argument du développement régional, quand on sait que ces petits barrages ne créent pas d'emplois.

Le bouquet de ce colloque, c'était l'atelier animé par Hydro-Québec International pour aider les entreprises à offrir leurs services et expertise en énergie sur les marchés étrangers. C'est justement le mandat d'Hydro-Québec International d'exporter son expertise en la matière. La société d'État aime-t-elle la concurrence au point d'aider ses concurrents?

Suite aux pressions des États-Unis, le gouvernement québécois a déréglementé le marché de l'électricité. Dorénavant, tous les producteurs d'électricité du Québec et d'ailleurs pourront emprunter les lignes de transport d'Hydro-Québec pour acheminer leur électricité.

Cela veut dire que des promoteurs américains pourront exporter leur pollution en installant leurs centrales thermiques ici. Les entreprises québécoises pourront acheter leur électricité au meilleur prix, sans nécessairement passer par Hydro-Québec. Les producteurs privés pourront harnacher toutes les petites rivières du Québec sans avoir à se préoccuper de la concurrence d'Hydro-Québec, qui est exclue d'office des petits projets.

Déréglementation à toute vitesse

Hydro-Québec s'est ruée tête baissée dans la déréglementation, prétextant qu'il fallait obtenir au plus vite le permis de grossiste en électricité pour vendre sur le marché américain. Hydro aurait-elle pu vendre son électricité sans ce permis? Bien sûr, sauf qu'il aurait fallu passer par un intermédiaire américain, et il n'y en avait qu'un seul sur le marché du Nord-Est (Nouvelle-Angleterre et New York) au moment où le marché québécois a été déréglementé. D'où la peur de se retrouver devant un monopole et qu'Hydro-Québec ait à payer le gros prix pour vendre son électricité.

Évidemment, cette situation n'a pas duré longtemps, puisque cinq nouveaux courtiers se sont ajoutés depuis sur le marché du Nord-Est. Fin du monopole, et fin de toute nécessité de déréglementer le marché québécois pour obtenir un statut de grossiste américain. Sérieusement, la direction d'Hydro-Québec pensait-elle vraiment qu'un courtier en énergie conserverait longtemps un monopole sur le marché du Nord-Est?

L'irréalisme des ambitions d'Hydro-Québec

Le pdg d'Hydro-Québec nous a souvent fait miroiter un marché de 260 milliards de dollars pour justifier les nouvelles politiques énergétiques du Québec. On a oublié de préciser qu'Hydro-Québec n'aura accès, en réalité, qu'à une petite partie de ce marché, soit la région du Nord-Est américain. L'électricité qui transite occasionne des coûts importants (frais de transit exigés par les réseaux et pertes d'énergie), et Hydro-Québec ne pourrait espérer vendre de l'électricité à la Californie ou à la Floride ; cette électricité ne serait tout simplement pas concurrentielle.

Le marché du Nord-Est américain accessible à Hydro-Québec représente environ 20 milliards de dollars et la part de marché d'Hydro-Québec ne pourrait excéder 20 %, en raison des limites de la FERC (l'organisme américain de réglementation de l'énergie). On ne parle donc plus de 260 milliards, mais seulement de 4 milliards. Faut-il bouleverser l'industrie québécoise de l'énergie et la placer sous tutelle américaine pour un si petit marché ?

Reste l'option, pour qu'Hydro-Québec prenne vraiment de l'expansion, d'acquérir des compagnies américaines. Cette possibilité est toutefois hautement irréaliste parce que, dans sa forme actuelle, Hydro-Québec est déjà trop grosse au goût des Américains. Ainsi, la FERC a récemment exigé qu'Hydro-Québec fasse la preuve qu'elle n'aura pas un poids trop déterminant sur le marché qu'elle compte desservir.

En gros, Hydro-Québec pourrait devoir se fractionner en plusieurs corporations distinctes pour faire plaisir aux Américains, qui ne sont pas très chauds à l'idée de se faire concurrencer sur leur propre terrain par une firme étrangère. Cette nouvelle demande survient après qu'Hydro-Québec ait accepté de créer une division autonome pour ses activités de transport d'électricité. Un empire hydro-québécois en terre d'Amérique? Oublions ça: la FERC fera tout pour bloquer les ambitions d'Hydro.

Après les grandes déclarations sur le supposé marché annuel de 260 milliards de dollars pour pousser de l'avant la déréglementation de l'industrie électrique au Québec, Hydro-Québec est revenue à la charge avec le dévoilement de son Plan stratégique, le 22 octobre 1997.

Hydro prétend pouvoir créer 90 600 emplois avec sa nouvelle politique de déréglementation et d'exportation vers les États-Unis, en investissant 13 milliards de dollars au cours des cinq prochaines années. Avant de se réjouir, il faut voir comment ces emplois sont calculés.

En premier lieu, la moitié des investissements prévus ne servent qu'à renouveler les équipements devenus désuets. Il ne s'agit, en somme, que d'investissements pour le maintien du réseau qui auraient été encourus de toute façon, que l'on exporte vers les États-Unis ou non. La moitié des emplois créés disparaissent ainsi d'un coup.

En second lieu, Hydro a une manière toute particulière de calculer les emplois créés. Elle prévoit employer, pour mener à bien ses investissements, de 15 700 à 20 400 personnes par année pour les cinq prochaines années. En additionnant ces emplois pendant cinq ans, on arrive au chiffre de 90 600 emplois annoncé par Hydro. Pourquoi ne pas indiquer les emplois pour chaque mois? On arriverait à un chiffre douze fois plus élevé! En dégonflant les chiffres, on arrive non plus à 90 600 emplois créés, mais tout au plus à 8 000 ou 9 000 emplois en cinq ans.

Selon le Plan stratégique, Hydro-Québec va augmenter son bénéfice net de 20% par année jusqu'en 2002. Cette prévision a toutefois été établie sur des bases pour le moins subjectives et optimistes. Premièrement, Hydro prévoit un gel complet des frais d'exploitation pour les cinq prochaines années. Comment Hydro compte s'y prendre pour geler ses frais d'exploitation pendant si longtemps, malgré une inflation annuelle prévue de 2,0 % à 2,5 %, et une augmentation des ventes d'énergie de 13 %? Mystère.

Hydro prévoit également des précipitations accrues au Québec, ce qui lui fournirait annuellement 12 térawattheures d'énergie, soit six fois le projet Sainte-Marguerite-3. Advenant de faibles précipitations, comme on en a connu au cours des dernières années, Hydro-Québec pourrait se retrouver en 2002 avec 495 millions de moins dans ses coffres.

Hydro, dans ses prévisions à long terme, s'attend également à une hausse du prix de l'aluminium, une hausse du taux de change du dollar canadien, une baisse des taux d'intérêt et une hausse du prix de l'électricité sur le marché américain de l'ordre de 25 %, tous des facteurs ayant un impact positif sur ses profits.

Et, évidemment, le Plan stratégique ne prévoyait pas de tempête de verglas en janvier 1998...

Pourquoi manipuler les chiffres et être si optimiste dans ses prévisions? Tout simplement pour vendre aux Québécois le projet de déréglementation et d'exportation d'électricité vers les États-Unis, et susciter de moins grandes résistances.

Malgré des promesses répétées des politiciens en ce sens, le processus de déréglementation n'a toujours pas fait l'objet d'un débat public ou d'un examen auprès de la Régie de l'énergie. Le gouvernement et Hydro ont évité tout débat en agissant au plus vite, plaçant la population devant un fait accompli. Maintenant, on justifie le tout en promettant emplois et bénéfices.

La démocratie aussi est tombée en panne

Le Plan stratégique d'Hydro-Québec, qui a la rigueur scientifique d'un dépliant promotionnel, devait être examiné à la loupe par une commission parlementaire en janvier 1998. Or, le gouvernement a utilisé la tempête de verglas comme prétexte pour approuver le Plan par décret. La commission ne pourra dorénavant que proposer des « ajustements » au plan, sans en altérer la substance. Belle entorse à la démocratie!

En adoptant ainsi le Plan stratégique, le gouvernement donne son aval à la construction de lignes de transport et de centrales hydroélectriques et thermiques qui ne viseront qu'à alimenter les États-Unis en électricité. Pourtant, cette nouvelle orientation d'Hydro-Québec avait soulevé de nombreuses questions qui devaient être examinées en commission parlementaire.

Après les barrages privés, un autre gâchis financier?

La première de ces questions concerne la rentabilité de ces nouveaux projets. À 3 ¢ le kilowattheure, le prix de vente sur le marché américain est-il suffisamment élevé pour que les nouveaux projets soient rentabilisés? Ne risque-t-on pas de se retrouver avec un gâchis financier comme ce fut le cas pour les contrats secrets de vente d'électricité aux alumineries (plusieurs centaines de millions en pertes annuellement) ou la production privée d'électricité (75 millions de dollars à éponger pour les années 1993-1995)?

André Caillé, pdg d'Hydro, a déjà déclaré qu'il regrouperait des projets rentables avec des projets non rentables, de sorte que l'ensemble des projets n'ait pas d'impact sur la rentabilité d'Hydro. L'objectif d'Hydro n'est donc pas d'améliorer sa rentabilité, mais de mettre en chantier le plus grand nombre de projets possible. « C'est très pertinent de développer le Québec et l'emploi », dixit Lucien Bouchard. Des emplois, mais à quel prix?

Les ouvrages hydroélectriques, c'est bien connu, créent beaucoup d'emplois à court terme, mais à peu près pas d'emplois à long terme. C'est sûrement très bon politiquement parlant, mais d'un point de vue économique, c'est le pire moyen de créer de l'emploi. Sans compter que les Québécois devront assumer les pertes des ouvrages déficitaires pour les 40 prochaines années. Nos députés profiteront de la visibilité politique de ces projets en lançant des pelletées de terre et en coupant des rubans rouges, alors que nous paierons tous pour les pots cassés.

La fiabilité du réseau est remise en question

L'autre question concernant le Plan stratégique a trait à la fiabilité du réseau. Les récents événements nous ont démontré que la fiabilité du réseau québécois est loin d'être acquise. Or, plutôt que de vraiment renforcer le réseau, les nouveaux investissements prévus par Hydro-Québec auront pour principal but d'accroître les exportations, ce qui pourrait, en bout de ligne, fragiliser davantage l'approvisionnement pour les foyers québécois. Le jour viendra bien assez vite où Hydro-Québec, pour rassurer Wall Street et assurer ses livraisons à des clients américains, devra effectuer des opérations de délestage aux dépens des consommateurs québécois.

Finalement, les nouveaux ouvrages comportent de sérieux impacts sur l'environnement, mais toute la question est éludée puisque Hydro-Québec pourra installer ses nouveaux équipements sans effectuer aucune étude d'impact environnemental. Hydro pourra contourner impunément le Bureau des audiences publiques en environnement (BAPE) et d'autres instances similaires grâce aux merveilleux décrets du gouvernement Bouchard. Quel beau message notre société d'État et notre premier ministre envoient à tous les pollueurs du Québec ! D'autant plus que Lucien Bouchard a déjà été ministre fédéral de l'Environnement...

Les manoeuvres d'Hydro-Québec et du gouvernement découlent d'un opportunisme primaire : on récupère la tempête de verglas et on s'en sert comme prétexte pour nous passer n'importe quoi. On ne le répétera jamais assez : les ouvrages décrétés au lendemain de la tempête de verglas ne visent pas à consolider le réseau pour assurer un meilleur service aux Québécois, mais bien à exporter vers les États-Unis. Le gouvernement agit rapidement, simplement parce qu'il est urgent d'utiliser le climat de crise à des fins politiques avant que l'émotivité du début ne s'atténue.

Y a-t-il un problème de rentabilité chez Hydro-Québec?

Encore une fois, le Parti québécois a baissé les bras face aux exigences des Américains. Sous prétexte qu'Hydro-Québec doit effectuer un virage commercial pour exporter son électricité, le PQ compte revenir sur tous les acquis de la nationalisation de l'électricité, tel qu'exigé par nos voisins du Sud.

Pour promouvoir les privatisations et les déréglementations, on accuse souvent les sociétés d'État d'être des dinosaures, des bureaucraties incapables de s'adapter et de fonctionner de façon efficace. Le credo néolibéral revient invariablement : hors de la concurrence, point de salut! Évidemment, on omet soigneusement de signaler que, si plusieurs sociétés d'État sont peu rentables voire déficitaires, c'est souvent parce qu'elles doivent jouer un rôle économique et social que le secteur privé refuse d'assumer.

Plusieurs organismes et individus de droite, dont Jean-Paul Gagné du journal *Les Affaires*, ont dénoncé la faible rentabilité d'Hydro-Québec. Celle-ci serait mieux gérée et beaucoup plus rentable si elle était privatisée, est-il prétendu. André Caillé, lui, veut faire d'Hydro-Québec une entreprise rentable qui génère mieux qu'un rendement de 4%. Il serait temps de rappeler à nos bien-pensants de la droite que si le rendement de la société d'État est faible en apparence, c'est parce qu'elle rend plusieurs services aux entreprises, au gouvernement et aux consommateurs.

On « oublie » bien sûr qu'Hydro-Québec subventionne les industries à coups de centaines de millions de dollars par année. Pour les années 1988 à 1995, et pour les alumineries seulement, on estime qu'Hydro aurait subi un manque à gagner d'au moins 1,3 milliard de dollars. Hydro-Québec subventionne aussi les producteurs privés d'électricité ; les contrats avec des promoteurs privés, en vigueur pour des dizaines d'années encore, vont occasionner pour la société d'État des pertes de 160 millions de dollars en 1997 et 1998. Ces pertes ne sont pas dues à une mauvaise gestion d'Hydro-Québec, mais à des pressions purement politiques.

On « oublie » finalement que le gouvernement du Québec pige allègrement dans les coffres de la Société par le biais de taxes excessives : ces taxes ont augmenté de 12 % par année depuis 1985, alors que l'inflation au cours de cette période n'a été que de 3 %. Si le patronat avait à subir de telles hausses de taxes, il serait monté aux barricades depuis longtemps, mais la société d'État supporte ces hausses avec un stoïcisme étonnant.

Si Hydro était privatisée, les recettes fiscales du gouvernement diminueraient considérablement, à commencer par les frais de garantie d'emprunt versés au gouvernement, d'un montant de 192 millions de dollars en 1995, qui disparaîtraient complètement. Bien entendu, il faudrait aussi mettre une croix sur les tarifs d'électricité avantageux consentis aux industries énergivores ; si l'État voulait continuer une telle politique, il serait obligé de le faire à même ses propres budgets.

La nationalisation de l'électricité a apporté aux Québécois des tarifs parmi les moins chers en Amérique du Nord, et même au monde. Au lieu de réaliser un bénéfice élevé et de verser un dividende aux actionnaires, Hydro-Québec offre des tarifs avantageux à l'ensemble de la population. M. Caillé est on ne peut plus clair quant à cette politique : « Hydro-Québec doit se comporter comme n'importe quelle entreprise. Il ne lui appartient pas de faire de la justice distributive ».

Au contraire, Hydro-Québec est un formidable outil de développement économique pour le Québec qu'il faut absolument conserver sous sa forme actuelle. Quand on tient compte de tous les facteurs sur lesquels la direction d'Hydro-Québec n'a pas de contrôle, comme les tarifs d'électricité préférentiels aux alumineries et les taxes excessives, on se rend compte que la société d'État dégage une rentabilité tout à fait acceptable. Cette rentabilité profite à tous sous la forme de tarifs d'électricité parmi les plus bas au monde.

La production privée d'électricité

Il y a toujours eu au Québec de l'électricité produite par des intérêts privés. Jusqu'au début des années 1990 cependant, cette production privée se limitait essentiellement aux entreprises, comme Alcan et Kruger, qui produisaient pour leur propre consommation à partir d'installations qui n'avaient pas été nationalisées à l'époque de la deuxième phase de nationalisation de l'électricité, en 1964.

Vers 1988, sous la pression du ministère des Richesses naturelles, Hydro-Québec commence à envisager l'achat d'électricité auprès de producteurs privés[1]. Un ancien sous-ministre de ce ministère, M. Denis l'Homme, a affirmé devant la Commission d'enquête sur l'énergie qu'à l'époque Hydro-Québec ne voulait pas développer les petites centrales et que ce sont les fonctionnaires du ministère qui l'ont poussée dans cette direction.

Le problème, pour les promoteurs de ces petits projets hydroélectriques, c'est qu'Hydro-Québec commençait en 1993 à considérer son retrait de la production privée en raison des surplus énergétiques qu'elle prévoyait. Les libéraux, et plus particulièrement la ministre de l'Énergie Mme Lise Bacon, sont alors intervenus dans ce dossier pour faire avancer les projets : en décembre 1993, Hydro-Québec signait la majorité des contrats de production privée[2].

---

1   Louis-Gilles Francœur, « Les petites centrales n'ont pas toujours intéressé Québec », *Le Devoir*, 29 novembre 1995.
2   André Noël, « Électricité privée : Hydro-Québec perd des dizaines de millions », *La Presse*, 23 novembre 1995.

On a même eu le culot d'inciter la Caisse de dépôt et de placement du Québec et la Société de développement industriel du Québec à financer les producteurs privés. Fait significatif, la grande majorité des promoteurs privés contribuent depuis longtemps à la caisse électorale du Parti libéral du Québec.

Cogénération et petits barrages

Après la ruée vers l'or, on a assisté présentement au Québec à une ruée vers l'eau. On a privatisé Hydro-Québec de façon insidieuse et hypocrite au profit de petits entrepreneurs opportunistes recyclés soudainement en producteurs d'électricité. N'est-il pas ridicule de constater que Bernard Lemaire (Cascades), Michel Gaucher (Steinberg et Socanav), Guy Saint-Pierre (SNC-Lavalin), Régis Labeaume (Mazarin), etc., des gens qui, quelques mois avant de soumettre leurs propositions, n'avaient aucune expérience dans le domaine, se soient rapidement lancés dans la production d'électricité alors que leur champ d'expertise était tout autre. Pourquoi donc Hydro-Québec a-t-elle reçu, des producteurs privés, des soumissions pour plus de 8 000 mégawatts alors qu'elle avait lancé des appels d'offres pour seulement 750 mégawatts ?

L'explication de cet engouement soudain de notre garde montante pour les usines de cogénération et les petits barrages hydroélectriques est que ceux-ci assurent à leurs propriétaires un taux de rendement d'au moins 20 % l'an (selon les propres dires du président de Boralex), nécessitent un investissement minime et ne comportent aucun risque, puisque la production d'électricité est achetée par Hydro-Québec à des tarifs avantageux indexés annuellement et ce, pour au moins 20 ans. La belle affaire ! Comme si cette parodie n'était pas suffisante, plusieurs d'entre eux forment à cet effet une société en commandite (un abri fiscal) et Hydro-Québec leur consent des tarifs supérieurs et des avances au cours des premières années d'opération.

Si l'on veut stimuler l'entrepreneurship véritable au Québec, il n'y a pas pire façon d'opérer. Avec l'assentiment du gouvernement du Québec, on crée de toutes pièces une catégorie de faux entrepreneurs à qui on assure une confortable rente sur le dos des contribuables du Québec. Comme politique économique, on a déjà vu mieux : celle-ci ne fait qu'entretenir davantage le niveau de dépendance de certains ténors du Québec inc. Et quel prétexte ridicule n'avance-t-on pas en affirmant qu'Hydro-Québec est trop grosse pour gérer convenablement ce genre d'activités ? Encore une fois, on nous sert des dogmes faciles et ridicules pour justifier d'autres privatisations. Des firmes comme Bell, Imasco, Québecor, Vidéotron et Bombardier ont de plus petites filiales que les usines de cogénération et les petits barrages qu'Hydro-Québec laisse aller allègrement, sous la pression de l'actuel gouvernement du Québec, à de petits affairistes bien connectés politiquement.

Dans une entrevue accordée le 14 mars 1994 au journal *Le Devoir*, Bernard Lemaire a formulé des commentaires que le journaliste Claude Turcotte a reproduits ainsi :

« Avec Cascades Énergie, il peut enfin construire des barrages, seulement des petits puisque Hydro-Québec conserve une main ferme sur les grands projets. M. Lemaire s'est réservé en outre deux rivières (Jacques-Cartier et Sault-au-Cochon) pour des « barrages personnels », c'est-à-dire pour lui et ses enfants. Cela amènera des revenus pour aider à payer les énormes sommes d'impôts d'une succession future. Mais l'énergie reste « un hobby » dans son esprit, du moins d'ici cinq ou sept ans, le temps que bébé grandisse ».

De tels propos nous amènent à formuler les remarques suivantes :

- Il était temps que, collectivement, nous corrigions cette regrettable injustice et que nous permettions enfin à M. Lemaire d'exploiter nos rivières ! Par contre, une injustice inqualifiable demeure : on lui permet d'exploiter seulement de petits barrages...

- Que c'est noble ! Il fait partager le fruit de ces belles rivières à ses enfants. Vraiment touchant ! Quelle générosité, quel don de soi !

• Ah! Si c'est pour payer ses « énormes impôts d'une succession future », cela rend tout à fait légitime toute cette opération de délestage. On sait bien que les riches sont surtaxés. Ce n'est que justice rendue.

• Cascades Énergie, qui exploite allégrement nos ressources naturelles, c'est seulement pour M. Lemaire un *hobby*, du moins pour l'instant. Qui sait si, dans cinq ans, on ne lui permettra pas « enfin » d'exploiter ou de s'approprier les gros barrages d'Hydro-Québec. On assistera alors à une autre télé-série sur M. Lemaire, au sujet de Cascades Énergie cette fois...

Quelle désolation! Dire que nous assitons à ce vol public sans broncher. L'exploitation de nos rivières ne constitue pour M. Lemaire et ses semblables qu'un simple moyen de satisfaire leurs intérêts supérieurs personnels et non les intérêts supérieurs de la collectivité.

Cascades Énergie illustre dans toute sa splendeur le libéralisme économique en action et sa conception de service public. Et les ténors du secteur privé et leurs meneuses de claques appellent ça du partenariat.

Des critiques à la production privée

L'achat par Hydro-Québec d'électricité privée a été critiqué par plusieurs comme beaucoup trop coûteuse. D'aucuns y ont vu de l'ingérence gouvernementale de la part de la ministre des Ressources naturelles de l'époque, Mme Lise Bacon, pour favoriser des amis du Parti libéral. Une commission d'enquête (Commission d'enquête sur la politique d'achat par Hydro-Québec d'électricité auprès de producteurs privés, aussi appelée Commission Doyon) a été mise sur pied pour faire la lumière sur cette politique d'achat. La Commission Doyon, tout comme un rapport de l'Université du Québec à Montréal (Rapport Breton-Tremblay), ont clairement mis en doute la pertinence de faire appel à l'externe pour les petits projets de production d'électricité.

Conclusions du rapport Breton-Tremblay[3]

Aux prix offerts par les producteurs privés, Hydro-Québec pourrait opérer elle-même les petits barrages ou développer de grands projets hydroélectriques. Hydro-Québec possède l'expertise nécessaire pour développer ces projets et n'a pas à faire appel au secteur privé. En conclusion, la privatisation d'une partie de la production d'Hydro-Québec par le biais des petites centrales et des usines de cogénération était essentiellement politique, et n'a aucun fondement économique.

Conclusions de la Commission Doyon

« La Commission n'est pas convaincue du bien-fondé des raisons avancées de part et d'autre, à l'époque, pour justifier la pertinence du programme d'achat de production privée. À son avis, Hydro-Québec n'a ni démontré le caractère rédhibitoire de sa structure administrative à l'égard de l'exploitation de petites centrales ni analysé avec suffisamment d'acuité l'opportunité économique de réaménager elle-même les sites désaffectés. (...) Vu les changements provoqués par la conjoncture économique, changements imprévisibles à l'époque, la production privée a participé à l'émergence progressive de surplus énergétiques. Comme Hydro-Québec vend ces surplus à un prix inférieur au tarif payé aux producteurs privés, il en résulte qu'elle subit des pertes financières[4]. »

La Commission Doyon évalue ces pertes financières à 75 millions de dollars pour les années 1993 à 1995 seulement.

La nouvelle politique énergétique

Selon la nouvelle politique énergétique du gouvernement du Québec, Hydro-Québec ne sera plus autorisée à réaliser des projets hydroélectriques de moins de 50 MW, qui seront réservés au sec-

---

3 Gaétan Breton et Yan Tremblay, *L'Hydro-Québec peut-elle développer les petites centrales ? - Une analyse de coûts*, Services aux collectivités, Université du Québec à Montréal, 1993.
4 Commission d'enquête sur la politique d'achat par Hydro-Québec d'électricité auprès de producteurs privés, *Rapport*, 1997.

teur privé[5]. Cela signifie qu'Hydro-Québec ne pourra proposer de projets de petits barrages même si elle peut produire l'électricité à coût moindre que tous ses concurrents. Auparavant, les barrages privés étaient limités à 25 MW et Hydro-Québec pouvait, en théorie, soumissionner concurremment avec les promoteurs privés.

De plus, Hydro-Québec utilisera dorénavant des sociétés en commandite pour développer des projets de centrales hydroélectriques en « partenariat » avec des promoteurs privés et des municipalités. Alors qu'on croyait avoir appris de nos erreurs avec la Commission Doyon, qui évaluait le coût de la production privée d'électricité à 75 millions de dollars pour les années 1993 à 1995 seulement, voilà que la privatisation de la production repart de plus belle chez Hydro-Québec.

Le barrage des Chutes-de-la-Chaudière

Pour mieux illustrer l'entêtement de nos politiciens à vouloir privatiser l'hydroélectricité, analysons le cas du barrage des Chutes-de-la-Chaudière, près de Charny dans la banlieue de Québec.

La société privée Innergex vient de débuter, à la fin de 1997, la construction d'une centrale hydroélectrique sur la rivière Chaudière. Selon le contrat signé entre Hydro-Québec et Innergex, la société d'État se voit obligée d'acheter la production de cette centrale pour les 20 prochaines années, bien qu'elle soit en situation de surplus énergétiques. Or, selon une recherche que nous avons réalisée, ce contrat coûtera 25,4 millions de dollars à la société québécoise.

Le projet de la société en commandite Innergex obligera Hydro-Québec à acheter de l'électricité à plus de 5,5 ¢ le kilowattheure, une électricité qui sera revendue au mieux sur le marché américain à 3,5 ¢ le kilowattheure. En ajoutant les frais de transport pour l'électricité, et en tenant compte des divers versements que fera Innergex au gouvernement du Québec et au parc des Chutes,

---

5 François Riverain, « Production privée d'électricité : Hydro-Québec sera exclue des projets de moins de 50 mégawatts », *Les Affaires*, 30 novembre 1996.

ce sont 25,4 millions de dollars que la société québécoise perdra durant les 20 années du contrat.

Les médias, les politiciens et le public accordent beaucoup d'importance aux quelques cas de mauvaise utilisation de fonds publics chez Hydro-Québec; qu'on se rappelle le tollé qu'avait provoqué la petite fête en l'honneur de Richard Drouin, président du conseil d'Hydro-Québec. Le coût de cet événement (141 000 $), jugé scandaleux par l'opinion publique, avait dû être remboursé partiellement par les cadres d'Hydro. Dernièrement, le porte-parole du Parti libéral en matière de ressources naturelles, Normand Cherry, est monté aux barricades pour dénoncer une autre dépense d'Hydro-Québec: l'achat d'un buste de René Lévesque pour le siège social (50 000 $). Hydro-Québec nous en fournit la preuve: ce n'est pas l'importance du gaspillage de fonds publics qui nourrit l'indignation, mais bien sa nature.

Si les médias et les politiciens s'intéressaient vraiment à une meilleure utilisation des fonds publics, ils auraient tôt fait de clouer quelques ministres au pilori pour le barrage des Chutes-de-la-Chaudière. Inexplicablement, le projet est en cours de réalisation et personne ne s'en offusque outre mesure. Faut croire que l'argent gaspillé pour le secteur privé n'est gaspillé qu'à moitié...

Innergex réplique à la Chaire

La réponse d'Innergex à notre étude ne s'est pas fait attendre. M. Lefrançois, président d'Innergex, affirme qu'Hydro-Québec ne sera plus en situation de surplus après 2005; le projet d'Innergex ne serait à perte pour Hydro que pour les six premières années du contrat. Ce faisant, on utilise sciemment des données rendues caduques par les nouveaux développements dans l'industrie de l'électricité. Hydro-Québec prévoyait bel et bien, en décembre 1996, des surplus jusqu'en 2005 dans un rapport particulier sur l'équilibre énergétique, mais la direction d'Hydro-Québec a annoncé depuis ce temps une série de projets (dérivations partielles de rivières, production thermique, petits barrages, etc.). Ces nouveaux projets devraient apporter annuellement 24 térawattheures d'énergie additionnelle, selon le pdg d'Hydro André Caillé, ce qui reporterait jusqu'en 2013 la situation de surplus.

M. Lefrançois prétend que la production de son nouveau barrage sera vendue localement aux secteurs domestique et industriel, à un prix de vente supérieur à 6 ¢ le kilowattheure. Une telle analyse démontre une mauvaise foi ou une méconnaissance flagrante de l'industrie de l'électricité. La vérité est que l'énergie produite par Innergex, qu'elle soit vendue localement ou à l'exportation, viendra de toute façon accroître les surplus énergétiques de l'ensemble du réseau d'Hydro-Québec et ces surplus devront être écoulés à bas prix sur le marché américain. Peu nous importe donc de savoir jusqu'où cheminera l'électricité d'Innergex ; seul son impact sur l'ensemble des ventes d'Hydro est pertinent.

Selon M. Lefrançois, le prix sur le marché à court terme américain serait de 5,6 ¢ le kilowattheure. Bizarre, lorsqu'on sait que le pdg d'Hydro, André Caillé, lui, a toujours prétendu que le prix se situerait entre 3 ¢ et 3,5 ¢.

La Commission Doyon: pourquoi au juste?

La Commission d'enquête sur la production privée d'électricité (Commission Doyon) a remis, en mai 1997, son rapport final. Sa conclusion est sans équivoque : la production privée d'électricité a fait perdre à Hydro-Québec 75 millions de dollars au cours des dernières années, et ce n'est que la pointe de l'iceberg puisque le nombre de kWh achetés par Hydro-Québec ne cessera d'augmenter au cours des prochaines années. Cette enquête publique, qui a coûté 4 millions de dollars aux coffres de l'État, devrait ouvrir les yeux de nos politiciens, d'autant plus que le ministre des Ressources naturelles lui-même a endossé les conclusions de ce rapport.

Alors que le programme de production privée de 1991 a été mis sur la glace et que plusieurs contrats ont été annulés, avec versement de compensations de plusieurs millions de dollars pour certains promoteurs, les politiciens actuels insistent pour mener à terme le dernier-né de cette série d'arnaques. La Commission Doyon nous a servi à quoi, au juste, si nous continuons à faire les mêmes erreurs que par le passé ?

Évidemment, on nous dira que le contrat est déjà signé et qu'Hydro-Québec n'a d'autres choix que de l'honorer tout en étant consciente des coûts qu'il engendrera. Ce qu'on ne dit pas, c'est qu'Hydro-Québec et le gouvernement du Québec ont eu toutes les occasions possibles d'annuler cette entente.

L'ex-ministre de l'Environnement et de la faune, David Cliche, a en premier lieu décidé de stopper le projet, avant de se rétracter sous la pression du premier ministre Bouchard et des ministres Chevrette et Landry. Le projet aurait tout de même pu être annulé par la suite puisque le promoteur a contrevenu à l'article 29 du contrat, exigeant que le certificat d'autorisation soit émis avant le 4 juillet 1997, une condition qui n'a pas été remplie à temps. Bref, le gouvernement a sciemment torpillé deux belles occasions de mettre un terme à ce contrat sans avoir à verser de compensation excessive au promoteur, voire aucune compensation tel que le stipule le contrat.

En réalité, ce projet hydroélectrique privé a été appuyé par nos dirigeants parce qu'il cadre bien avec la nouvelle politique énergétique qui vise à créer artificiellement des emplois à court terme en mettant en chantier des petits barrages hydroélectriques à travers la province. Évidemment, on fait peu de cas du fait que ces emplois disparaîtront à moyen terme, lorsque les chantiers seront complétés et que chaque barrage n'engagera qu'un ou deux employés pour assurer son exploitation. On fait également peu de cas des dommages à l'environnement, des pertes pour l'industrie récréo-touristique et de l'impact des petits barrages sur la santé financière d'Hydro-Québec.

La privatisation d'Hydro-Québec

Afin de bien mesurer les éventuels impacts d'une privatisation d'Hydro-Québec, nos calculs seront fondés sur une étude préparée et publiée, au mois de septembre 1994, par la firme en valeurs mobilières RBC Dominion Securities, une filiale de la Banque Royale du Canada, et intitulée *Hydro-Québec : un atout de taille pour le Québec*. On peut, on en conviendra, difficilement accuser cette firme d'être à la solde de groupuscules marxistes-léninistes.

Avant de parler de vendre quoi que ce soit, il faut en établir la valeur marchande, c'est-à-dire le juste prix, à moins que l'on veuille faire un cadeau à un ami. Dans son étude, RBC Dominion Securities a réévalué au coût de remplacement les immobilisations d'Hydro-Québec au 31 décembre 1992 et son contrat d'achat à long terme négocié avec Churchill Falls au Labrador. Soulignons que la notion de coût de remplacement ou de reconstruction produit généralement une évaluation moindre que la notion de valeur marchande qui, elle, est fondée sur le pouvoir de gain futur de la firme. Soyons toutefois conservateurs et retenons le concept de coût de remplacement, comme l'a fait la filiale de la Banque Royale, pour tenter d'attribuer une valeur plus réaliste à notre société d'État.

L'étude RBC Dominion Securities évalue donc le coût de remplacement d'Hydro-Québec, déduction faite de ses dettes, à 35 milliards de dollars. Chaque Québécois possède donc, par le biais d'Hydro-Québec, un actif de 5 000 $ évalué de façon conservatrice au coût de remplacement. Avis aux hystériques néolibéraux qui brandissent inlassablement le spectre de la dette par habitant

sans jamais tenir compte des actifs collectifs ou en les sous-éva-
luant à outrance : si on tient compte en plus de la Société des alcools du Québec et de Loto-Québec, qui valent au bas mot 2 000 $
par contribuable québécois, on en arrive à un actif de 7 000 $ par
Québécois. Si on y ajoutait en plus la Caisse de dépôt, la Société
d'assurance automobile du Québec, Soquia, Domtar, Provigo, Gaz
Métropolitain, la Société générale de financement ainsi que la
valeur marchande des immeubles, des parcs, des hôpitaux, des
écoles, des autoroutes, de l'éducation, on arriverait non plus à une
dette, mais bel et bien à un actif net par habitant, ce qui ne fait
évidemment pas l'affaire des chasseurs de sorcières qui se servent
allègrement de l'épouvantail de la dette et du déficit pour mieux
nous vendre l'idée de liquider à rabais nos biens collectifs.

Ce seul chiffre de 35 milliards de dollars, qui représente la
valeur minimale que tout investisseur exigerait dans le cours normal des affaires pour disposer d'un actif comme Hydro-Québec,
rend futile toute la discussion entourant la privatisation de cette
société, à moins que l'on fasse comme par le passé et que l'on
vende encore à rabais une autre société étatique. Même une privatisation de 10 % des actions d'Hydro-Québec devrait se faire à un
prix minimum de 3,5 milliards, ce qui représenterait une des principales transactions financières jamais effectuées au pays. Cela
viendrait drainer une épargne publique déjà très rare au Québec et
au Canada, au détriment des véritables entrepreneurs (s'il en reste)
qui ont un besoin criant de capitaux, sans que cela ne crée de nouvelles richesses au pays, ne faisant tout au plus que la déplacer.

Premier scénario

Dans leur premier scénario de privatisation, les analystes financiers de RBC Dominion Securities émettent l'hypothèse que les
tarifs d'électricité d'Hydro-Québec subiraient les hausses ap-
prouvées, soit l'équivalent du taux d'inflation prévu. Après de
brefs calculs, ils en viennent rapidement à la conclusion que la
privatisation d'Hydro-Québec sans hausse substantielle des tarifs
ne serait pas réalisable financièrement.

Il est toutefois intéressant de signaler quelques hypothèses de travail retenues par cette firme de courtage dans son scénario de privatisation. Premièrement, comme elle vise un ratio d'endettement de 65 % pour la nouvelle entité privatisée, il faudrait vendre dans le public 655 millions d'actions à 10 $ l'action pour obtenir 6,6 milliards de dollars, ce qui permettrait à l'État québécois de conserver une participation de 64,5 %. Or, ce montant de 10 $ l'action correspond à la valeur nette comptable par action de 9 $ plus une légère prime de 1 $, dont une grande partie servirait à couvrir les frais d'émissions d'actions estimés par RBC Dominion Securities à 316 millions.

Aucun entrepreneur sérieux n'irait vendre sa compagnie à sa valeur comptable nette, puisque celle-ci est normalement nettement inférieure à sa juste valeur marchande. C'est néanmoins ce que la firme RBC Dominion Securities nous propose de faire avec Hydro-Québec. À titre d'analystes financiers, ils devraient pourtant savoir que la norme en terme de valeur d'échange sur les marchés financiers est la valeur marchande. En somme, après nous avoir dit, dans un premier temps, que la valeur au coût de remplacement d'Hydro-Québec est de 35 milliards de dollars ou de 28,94 $ l'action, les analystes de Dominion Securities la privatisent à une valeur légèrement supérieure à sa valeur nette comptable de 10,9 milliards, ou de 9,01 $ l'action. En émettant ainsi l'action à une valeur unitaire de 10 $ alors que sa valeur réelle est d'au moins 28,94 $ l'action, on consent un généreux escompte de 18,94 $ l'action ou de 65,4 %.

Deuxième scénario

Dans un deuxième scénario, on postule qu'Hydro-Québec aurait toute la latitude voulue pour augmenter ses tarifs afin d'atteindre les objectifs financiers du secteur privé, à savoir un rendement sur les capitaux propres de 12 %. Un dividende dégageant un rendement initial de 6,5 % serait également versé aux actionnaires à compter de 1994.

Dans un premier cas, RBC Dominion Securities suppose que tous les clients d'Hydro-Québec (résidentiels, industriels, institutionnels et exportations) feraient leur part et se verraient imposer une hausse moyenne des tarifs de l'ordre de 21,3 % en 1994. Comme les analystes financiers sont certainement d'obédience néolibérale et qu'ils ont entendu à maintes reprises les ténors du secteur privé se plaindre des tarifs exorbitants et injustes pratiqués à leur égard par Hydro-Québec, ils envisagent un deuxième cas où seuls les clients résidentiels et institutionnels supporteraient, pour des raisons d'ordre concurrentiel selon leurs propres mots, les hausses tarifaires proposées. Ainsi, il en résulterait une hausse moyenne de 36,1 % en 1994 pour les clients résidentiels et institutionnels. Notons que les clients institutionnels représentent principalement les gouvernements et leurs sociétés et organismes, qui verraient ainsi leurs dépenses augmenter considérablement, affectant par le fait même leur déficit et leur dette. En dernier ressort, ces augmentations des dépenses gouvernementales devraient être supportées par les contribuables, qui se seraient déjà vu imposer une hausse substantielle de leur propre facture d'électricité.

L'analyse plus poussée des rapports financiers de Dominion Securities que nous avons effectuée démontre clairement qu'une privatisation éventuelle de 35,5 % des actions d'Hydro-Québec pour une considération de 6,6 milliards de dollars, suivie d'une hausse tarifaire pour les clients institutionnels et résidentiels, serait complètement loufoque. Les seuls gagnants de cette opération seraient les nouveaux investisseurs qui obtiendraient un taux de rendement annuel sur investissement de 12 %, un dividende annuel dégageant un rendement de 6,5 % et un actif d'une valeur de remplacement de 14,7 milliards (selon l'évaluation faite par RBC Dominion Securities) pour seulement 6,6 milliards, recevant par le fait même un cadeau de 8,1 milliards, gracieuseté des contribuables québécois. Il est surprenant que les analystes financiers n'aient point pensé à émettre des actions subalternes aux nouveaux investisseurs et des actions à droit de vote multiples à l'actionnaire majoritaire actuel (le gouvernement du Québec) comme c'est la règle au Québec depuis près de 15 ans pour les firmes comme Bombardier, Québecor, Unigesco, Socanav, SNC, Télémédia, etc.

Les grands perdants de ce bradage seraient certes les consommateurs d'Hydro-Québec et les contribuables du Québec qui, en plus de vendre à rabais (un escompte à l'achat de 8,1 milliards) leur société d'État, seraient récompensés par une mignonne hausse tarifaire de 36,1 % en 1994, hausse permanente, rappelons-le, qui aurait des répercussions sur toutes les années futures et qui ferait grimper leur compte annuel d'électricité de 361 $ pour une facture annuelle moyenne de 1 000 $. La valeur individuelle de leur placement dans Hydro-Québec passerait de 5 000 $ actuellement à seulement 3 806 $ après la privatisation sans qu'ils n'aient reçu quelque somme que ce soit de cette transaction. Cette perte de valeur ne serait pas compensée par une baisse, mais bien une hausse tarifaire. Il est important de signaler qu'actuellement, compte tenu des choix de société que nous avons faits et qui sont possibles uniquement du fait qu'Hydro-Québec nous appartient collectivement, les consommateurs du Québec reçoivent annuellement, à titre d'actionnaires-sociétaires, un crédit d'environ 361 $ sur leur facture d'électricité qui est, en quelque sorte, un dividende ou un dégrèvement fiscal qu'ils reçoivent d'Hydro-Québec et du gouvernement du Québec. Dans les faits, ce rabais ou crédit net de 361 $ signifie une économie véritable de 600 $ pour un individu dont le taux d'imposition marginal est de 40 %, car la facture d'électricité constitue pour la majorité des particuliers une dépense non admissible pour le fisc. À un taux de rendement annuel de 5 %, montant que l'on obtient présentement sur un certificat de dépôt bancaire, cette économie annuelle de 600 $ représente un placement de 12 000 $ pour chacun des contribuables québécois à qui on demande de le céder en plus de l'escompte de 1 194 $ sur l'émission d'actions (5 000 $ - 3 806 $).

Quant au gouvernement du Québec, le taux de rendement net qu'il réaliserait sur la vente à rabais d'une partie de son entreprise serait insignifiant. Aucun investisseur privé le moindrement sensé ne ferait une telle transaction dans les conditions prévues par les analystes financiers de RBC Dominion Securities. Ce serait pure folie que de procéder ainsi.

Après les investisseurs, les grands gagnants de cette opération financière seraient les courtiers en valeurs mobilières et les cabinets d'avocats et d'experts-comptables, qui se partageraient le joli magot de 316 millions à titre de frais d'émissions d'actions. Cela représente une perte sèche pour l'ensemble des Québécois.

Conclusion

L'analyse financière, effectuée par les analystes financiers de RBC Dominion Securities, que nous avons utilisée, démontre clairement le non-sens d'une privatisation, même partielle d'Hydro-Québec. Nous tenons à remercier cette firme de courtage en valeurs mobilières d'avoir effectué et d'avoir rendu public ce type d'analyse quantifiant l'impact économique d'une éventuelle privatisation d'Hydro-Québec. Bien que nous ne partagions pas quelques-unes de leurs hypothèses, nous croyons fermement que ce type d'étude peut générer un débat sain fondé sur des données, et non pas uniquement sur des dogmes théoriques stériles postulant *a priori* que toute privatisation de sociétés d'État ou de services publics est la solution à nos problèmes de société. Trop souvent par le passé hélas, et encore de plus belle aujourd'hui, nos gouvernements privatisent joyeusement des sociétés d'État et des services publics sans qu'il y ait eu un véritable débat public supporté par des analyses financières sérieuses.

Nous sommes d'accord avec les analystes financiers de Dominion Securities lorsqu'ils affirment dans leur étude que : « Dans une perspective de politique générale, la province de Québec a choisi de profiter du rendement de cet actif en offrant des tarifs d'électricité moins élevés aux Québécois plutôt qu'en maximisant les bénéfices de la Société ». Et nous devrions ajouter qu'il en est bien ainsi. En conclusion, il faut dire énergiquement un gros « Non Merci » à toute forme de privatisation d'Hydro-Québec.

Privatisation et déréglementation de l'énergie en Grande-Bretagne

Plusieurs groupes et individus ont présenté la privatisation des services publics en Grande-Bretagne vers 1989 sous un jour favorable. L'eau, le gaz, les télécommunications et l'électricité, entre autres, ont été profondément privatisés et déréglementés. Cette section vise à montrer l'envers de la médaille de privatisations qui ont souvent été montées en épingle par des économistes et politiciens de droite, désireux d'en suivre l'exemple.

Avant la privatisation, le Central Electricity Generating Board (CEGB) s'occupait de la production de l'électricité. Cette entreprise a été scindée en trois entreprises de production : la National Power et la PowerGen, privatisées, et la Nuclear Electric qui est demeurée sous contrôle étatique.

La distribution et le transport en Grande-Bretagne sont assurés par douze compagnies régionales d'électricité. En 1989, ces douze réseaux de distribution régionaux ont été privatisés et les activités de transport ont été regroupées au sein d'une entreprise distincte (la National Grid Company), puis privatisées.

La nationalisation de l'électricité en Grande-Bretagne a été réalisée en 1947, avec l'adoption de la Loi sur l'électricité (Electricity Act). On pourrait croire que la privatisation de 1989 ramène l'industrie à la situation qui prévalait avant 1947, mais ce n'est pas le cas. Avant la nationalisation, en effet, l'électricité était fournie par plus de 600 régies municipales et sociétés d'électricité. L'industrie était déjà quasipublique avant que l'on nationalise le tout. Avec les privatisations des conservateurs en 1989, l'industrie de l'électricité a atteint un degré de propriété privée inégalé par le passé et plusieurs de ces compagnies se retrouvent dans les mains de firmes étrangères et de multinationales.

Le privé ne veut pas du nucléaire

Des trois entreprises de production d'électricité qui ont vu le jour au moment de la privatisation, seule l'entreprise regroupant la production nucléaire est demeurée propriété de l'État. Évidemment, le secteur privé ne voulait pas s'encombrer de ces coûteuses centrales nucléaires.

Au début de 1996, toutefois, le gouvernement a procédé à une privatisation partielle de l'industrie nucléaire. Les centrales les plus récentes ont été privatisées, alors que les vieilles centrales, qui cesseront d'être en opération prochainement, sont demeurées sous propriété publique. Le gouvernement laisse donc aller ses centrales les plus modernes tout en assumant les coûts des plus vieilles centrales.

L'impact sur les tarifs d'électricité

Suite à la privatisation et à la déréglementation du marché de l'électricité, les tarifs d'électricité ont connu une baisse immédiate de plus de 10 %. Cet avantage pour les consommateurs a toutefois été de bien courte durée, puisque les prix ont augmenté de façon drastique dès la troisième année.

Pour évaluer correctement l'impact de la privatisation sur les tarifs d'électricité, il faut comprendre que durant les sept années avant la privatisation les prix de l'électricité ont décliné d'environ 2,5 % par année en raison des développements technologiques. Comme ces développements technologiques se sont poursuivis après la privatisation, on aurait pu s'attendre à une baisse équivalente des tarifs.

En fait, plusieurs facteurs favorables à l'industrie de l'électricité auraient dû normalement conduire à une baisse des prix encore plus prononcée après la privatisation :

- Le prix du charbon a chuté de 23 % de 1992 à 1995. Le charbon est un des principaux combustibles utilisés pour la génération d'électricité en Grande-Bretagne.

- La gaz naturel est devenu disponible pour la génération de l'électricité suite à une libéralisation de son usage par le gouvernement anglais. Les compagnies utilisent de plus en plus ce combustible, qui se compare avantageusement au charbon.

- Une production plus élevée que prévue dans la mer du Nord a permis une baisse du prix du gaz naturel.

En dépit de ces facteurs favorables et contre toutes attentes, les compagnies d'électricité n'ont pu poursuivre au même rythme la tendance à la baisse des prix amorcée avant la privatisation. Les prix n'ont diminué que de 2,1 % par année après la privatisation, contre 2,5 % de diminution annuelle avant la privatisation. Ce sont surtout les clients industriels qui ont bénéficié de baisses de tarifs avant comme après la privatisation.

Emplois dans l'électricité

Depuis la privatisation, le nombre d'emplois dans l'industrie de l'électricité est passé de 146 219 à 91 792, soit une perte de 54 427 emplois (-37,2 %). Les pertes d'emplois ont été importantes à tous les niveaux de l'industrie (production, transport, distribution).

Ce tableau devrait s'assombrir au cours des prochaines années puisque :

- 2 700 à 2 800 emplois disparaîtront prochainement dans cinq des douze compagnies régionales d'électricité.

- La National Power compte éliminer 250 emplois.

- La réduction d'effectifs se poursuit à la Scottish Hydro-Electric.

La sous-traitance est un des facteurs importants pouvant expliquer ces pertes d'effectifs. La baisse de sécurité et de fiabilité du réseau, pour maximiser les profits à court terme, est également une conséquence des importantes coupures de personnel. Parmi les préoccupations des syndicats face à la fiabilité du réseau, notons que :

- Les compagnies de production ont maintenant comme seule préoccupation de faire des profits, ce qui a occasionné la fermeture de plusieurs centrales jugées non rentables. En plus d'occasionner des pertes de milliers d'emplois dans le secteur de la production d'électricité, ces fermetures ont causé une perte nette de puissance pour l'ensemble du réseau de 5 000 MW depuis 1990. L'amenuisement du filet de sécurité risque d'occasionner des pannes générales advenant la défaillance de certains équipements.

- Les équipements ne sont plus entretenus systématiquement. Les compagnies, pour économiser les frais d'entretien, s'en tiennent pour les inspections préventives seulement aux pièces d'équipement les plus risquées.

- La Midlands Electricity a tellement coupé dans les vérifications que le Régulateur a critiqué l'entreprise pour ses méthodes de vérification et mesures d'urgence défaillantes et l'a obligée à dédommager les clients pour une panne de plus de 24 heures survenue dans la région.

- Les « économies » réalisées par les entreprises, en plus d'occasionner de nombreuses pertes d'emplois, compromettent sérieusement la fiabilité et la qualité du service.

Rémunération des directeurs

Ce ne sont pas tous les employés qui ont fait les frais de la privatisation des services publics. Certains s'en sont même très bien tirés. De 1990, soit juste après la privatisation, jusqu'en 1995, la rémunération des directeurs de 19 entreprises privatisées est passée de 5,3 millions de livres à 26,9 millions de livres, soit une augmentation de 411 %. Pendant la même période de temps, le salaire moyen en Grande-Bretagne n'a augmenté que de 91 %. Le salaire moyen des directeurs de ces entreprises est passé de 27 000 (50 500 $) livres en 1990 à 138 000 livres (291 200 $) en 1995. Les directeurs ont donc touché en moyenne 138 000 livres en 1995, alors que le travailleur moyen devait se contenter de seulement 18 300 livres.

Il est important de mentionner que ces rémunérations ne comprennent pas les options d'achat d'actions, qui souvent représentent la majeure partie de la rémunération des directeurs. Surtout lorsque les entreprises font de solides profits.

Payer à l'avance pour un service essentiel

Dans le cas de l'eau potable comme pour l'électricité, de nombreux ménages ne peuvent acquitter leurs factures et se voient couper l'accès à ces services essentiels et vitaux. Ces débranchements nuisent à l'image des entreprises de services publics, qui réalisent des profits mirobolants tout en interdisant l'accès à l'eau et l'électricité pour ces familles. Pour camoufler ces cas gênants, les compagnies ont inventé un nouveau gadget, les compteurs prépaiement.

Ces compteurs exigent un paiement à l'avance, par pièces de monnaie, jetons ou cartes débit, avant de donner accès aux services d'eau et d'électricité. Les ménages qui ne peuvent se payer le service n'entrent plus dans les statistiques, puisqu'il n'y a pas eu de « débranchements ». La Yorkshire Electricity, par exemple, a réussi à faire chuter le nombre de débranchements de 1 800 en 1991 à seulement 4 en 1996, en installant 246 000 compteurs prépaiement. Treize pour cent des clients de la Yorkshire paient maintenant de cette façon. Il va sans dire que ce sont principalement les ménages en difficultés financières qui se font « offrir » ce mode de paiement par leur compagnie d'électricité.

Actionnaires: des rendements fort intéressants

Les actionnaires ont par contre été bien servis par la privatisation des compagnies d'électricité. De décembre 1990 à juillet 1996, les placements dans ces entreprises ont connu des rendements exceptionnels. Le plus « petit » rendement a été de 239% en cinq ans et demi, soit un taux de rendement annuel de 25%. Les actionnaires des compagnies qui ont été rachetées par d'autres entreprises privées ont connu des rendements encore plus spectaculaires : 357% en moyenne. Durant cette même période, l'indice boursier de la bourse de Londres s'est accru de seulement 11% annuellement.

Des profits excessifs

Le gouvernement travailliste de Tony Blair a imposé, en juillet 1997, une taxe exceptionnelle sur les profits excessifs des entreprises de services publics récemment privatisées (eau, gaz, électricité, transport, télécommunications). Cette nouvelle taxe devrait permettre des entrées additionnelles de 4,8 milliards de livres (7,9 milliards de dollars) en deux ans[6]. Le gouvernement estime que les entreprises privatisées de l'électricité sont anormalement rentables, au détriment des consommateurs.

Le secteur de l'électricité, plus particulièrement, contribuera pour 2,1 milliards de livres, plus que l'eau (1,65 milliard de livres) ou que l'ensemble des autres services (1,05 milliard de livres).

Conclusion

Comme c'est trop souvent le cas dans les privatisations d'entreprises étatiques, les grands gagnants ont été les nouveaux actionnaires, qui ont connu un rendement exceptionnel de leur placement, et les directeurs des entreprises privatisées, qui ont vu leur rémunération monter en flèche. Les clients, eux, ont eu droit à une baisse plus que mitigée de leur compte d'électricité, et plusieurs

---

6 Agence France-Presse, « Dépôt de budget en Grande-Bretagne : hausses de taxes et vaste programme pour l'emploi », *Le Devoir*, 3 juillet 1997.

ménages en difficultés financières doivent maintenant payer à l'avance pour avoir droit à un service aussi essentiel que l'électricité, sans compter la perte de fiabilité et de qualité du service. Quant aux employés, ils ont été les grands perdants, et de loin, de la privatisation et de la déréglementation du marché de l'électricité.

Le retour des prédateurs

Évidemment, la tempête de verglas et les problèmes qu'elle a occasionnés ont tout de suite réveillé l'ardeur des partisans de la privatisation d'Hydro-Québec.

L'ineffable Jacques Parizeau est revenu, lui, avec son idée de privatiser Hydro-Québec à 10%. Hydro-Québec, selon ses propres dires, offre un excellent potentiel et ses actions seraient un bon placement pour les investisseurs. Petite question, M. Parizeau : si Hydro-Québec est un si bon placement, c'est quoi l'idée de vendre ?

Le financier new-yorkais Robert Blohm affirme, lui, que le gouvernement obtiendrait 20 milliards de dollars en privatisant Hydro-Québec. La bonne affaire ! Sauf qu'Hydro-Québec vaut environ 40 milliards de dollars selon une analyse de RBC Dominion Securities (35 milliards en 1992), soit le double du prix de vente proposé par Blohm. Évidemment, si on se met à la place d'un financier new-yorkais, privatiser Hydro à moitié prix, c'est une vraie bonne idée !

Blohm va même jusqu'à nous proposer quoi faire des 20 milliards : « Le gouvernement pourrait diminuer les impôts de chaque contribuable. » Vendre à moitié prix ce qui nous a pris plus de 50 ans à construire, pour tout dilapider en une seule année en diminutions d'impôts ! Et ce brillant conseil nous vient d'un financier !

Blohm a au moins la franchise de reconnaître que la facture d'électricité des consommateurs québécois ferait un bond advenant une privatisation d'Hydro.

Après la privatisation, un réseau plus fiable?

Et la fiabilité du réseau? Selon Blohm, la privatisation et le démembrement du monopole d'Hydro permettraient d'améliorer la fiabilité et l'efficacité du réseau. Or, c'est justement parce qu'Hydro se prend de plus en plus pour une entreprise privée que ses clients écopent ces temps-ci.

Avec le virage commercial d'Hydro et la recherche de la rentabilité à tout prix, Hydro-Québec a sabré dans ses emplois et a diminué substantiellement ses investissements. En cinq ans, de 1992 à 1996, Hydro-Québec a coupé dans 4 000 emplois. Cela fait 4 000 employés de moins pour faire de l'entretien préventif, pour développer des technologies plus fiables ou pour remettre le réseau en marche advenant une panne majeure.

Au cours de la même période, les investissements en immobilisations sont passés de 4 milliards à seulement 2 milliards. Hydro-Québec aurait sûrement pu investir davantage pour consolider le réseau, pour constituer des stocks de pylônes ou pour installer des équipements de déglaçage.

Si Hydro-Québec avait été privatisée et démembrée, comment aurait-on vécu la tempête? Imaginez un instant que le gouvernement, au lieu de gérer la crise avec un seul intervenant, ait dû coordonner les activités d'une quinzaine d'entreprises privées. Des entreprises qui visent uniquement le plus gros versement de dividendes en fin d'année... Des entreprises qui auraient braillé pour avoir des subventions et des versements d'indemnités avant de remettre en marche leur réseau...

L'eau en Grande-Bretagne, une leçon pour le Québec

Pour nous donner un avant-goût de la fiabilité du réseau d'électricité advenant une privatisation, voyons ce qui se passe en Grande-Bretagne depuis que les services publics d'eau potable ont été privatisés en 1989. La Grande-Bretagne fait face depuis deux ans à une sécheresse record qui amenuise ses réserves en eau. Les compagnies privées d'eau potable ont refilé aux consommateurs des factures de plus en plus élevées pour supposément améliorer leur réseau d'aqueducs. Or, les salaires des dirigeants et les dividendes ont augmenté en flèche, mais les investissements se font toujours attendre.

Le mauvais état des réseaux fait en sorte que plus de 30 % de l'eau envoyée aux consommateurs se perd en cours de route. Si les tuyaux étaient en meilleur état, les compagnies pourraient facilement faire face aux conditions climatiques particulières, mais leurs réticences à investir pour assurer la qualité du service ont pour résultat que les consommateurs britanniques manquent régulièrement d'eau potable, parfois pendant plusieurs semaines. Afin de faire face à l'actuelle crise, les compagnies envisagent de construire de dispendieuses usines de dessalinisation, dont le coût sera évidemment refilé aux consommateurs.

Il ne manque qu'une tempête de verglas en Grande-Bretagne pour voir comment les compagnies privées d'électricité pourraient réagir...

Requiem pour une réussite collective

L'actuelle politique du gouvernement péquiste n'augure rien de bon. Après le virage commercial d'Hydro-Québec viendra le démantèlement progressif de la société d'État: production de plus en plus privée, séparation des activités, sous-traitance et réduction de la main-d'oeuvre, soumission d'Hydro-Québec aux politiques de la Federal Energy Regulatory Commission américaine... Hydro-Québec cessera d'être l'outil de développement économique et de répartition de la richesse comme c'est le cas depuis sa création, et lorsque sa mission sera vraiment vide de sens, il ne restera plus qu'à privatiser le tout.

Faut-il rappeler à nos fossoyeurs-politiciens qu'il a fallu deux nationalisations, une élection référendaire, d'ardues négociations avec le secteur privé et de multiples réalisations techniques pour créer l'Hydro-Québec d'aujourd'hui? C'est un immense travail collectif qui a duré un demi-siècle que messieurs Bouchard, Chevrette et Caillé voudraient remettre en question irrémédiablement sans aucun mandat de la population.

Société des alcools du Québec

Les prédateurs ont l'eau à la bouche

Michel Bernard, Léo-Paul Lauzon et Martin Poirier

La Société des alcools du Québec (SAQ) est, comme toutes les sociétés d'État, soumise à de fortes et continuelles pressions pour que ses activités soient privatisées en partie ou en totalité. Le débat est malheureusement à sens unique, puisque le gouvernement n'a jamais, au cours des dernières années, envisagé de renforcer son rôle dans l'industrie des boissons alcooliques. Le « monopole » de la SAQ des boissons alcoolisées a d'ailleurs subi de nombreuses attaques au cours des vingt dernières années.

La première privatisation camouflée de la SAQ eut lieu en 1971, au moment où le gouvernement du Québec mettait fin au monopole de la SAQ dans l'embouteillage en permettant que soient accordés des permis de fabricants de vin à d'autres entreprises.

En 1978, le gouvernement du Québec accorda aux dépanneurs le droit de vendre du vin. Suite à des pressions intensives des chaînes d'épicerie, ce privilège leur fut aussi accordé en 1980. Au lieu d'allonger les heures d'ouverture des succursales de la SAQ, le gouvernement préféra alors transférer une partie des profits de son entreprise aux détaillants en alimentation.

Puis, on assista à l'octroi par la SAQ d'agences privées qui conféraient à leurs propriétaires le droit de vendre, non seulement des vins québécois, mais également des vins importés et des spiritueux. Certains de ces établissements, qui devaient desservir à l'origine les régions éloignées, se retrouvent maintenant à proximité de grands centres urbains. Le gouvernement accepte de se faire concurrencer par le privé alors que ses propres succursales pourraient suffire à la tâche. Ces agences, qui sont passées de 117 en 1988 à 155 en 1997 (une augmentation de 32 % au cours des dix dernières années), viennent encore grever la rentabilité de la SAQ et les recettes du gouvernement.

Le couronnement de cette première grande offensive fut le projet du ministre péquiste Rodrigue Biron de privatisation des succursales, qui échoua lamentablement en 1985 lors du changement de gouvernement. Ce n'était que partie remise.

En effet, le gouvernement du Québec enclenchait au mois de septembre 1993 le processus de mise en vente de l'usine d'embouteillage de la SAQ, sans le support d'une étude démontrant les avantages et les désavantages d'un tel geste pour les producteurs de vins québécois, pour les consommateurs, pour les employés et pour les contribuables québécois. Ce projet échoua également.

Le gouvernement a maintenant formé un groupe de travail sur l'organisation de l'industrie des boissons alcooliques. Ce groupe a proposé, en octobre dernier, d'étudier quatre scénarios de privatisation. Son rapport est prévu pour le printemps 1997.

La SAQ n'est pas le monopole entièrement étatique qu'on voudrait bien nous présenter; le secteur privé est très présent au Québec dans l'industrie des boissons alcoolisées. La bière, par exemple, est produite, distribuée et vendue presque entièrement par le secteur privé. Il existe également au Québec 155 agences privées, une trentaine d'agents importateurs accrédités et une dizaine de producteurs de vins et de spiritueux qui font affaire avec la SAQ, sans mentionner les dépanneurs et les épiciers qui vendent du vin embouteillé au Québec. Finalement, une partie importante de la livraison des produits de la SAQ est donnée à des sous-traitants privés.

Comme nous pouvons le constater, la mort du projet de privatisation de la SAQ de l'ancien ministre Rodrigue Biron n'a pas ralenti les ardeurs des partisans de la privatisation. Certaines parties importantes de la SAQ ont en effet été privatisées au fil des ans et la vente de l'alcool au Québec est loin d'être un monopole d'État à part entière.

L'Alberta, un exemple à ne pas suivre

La vente au détail de l'alcool en Alberta n'est plus du domaine étatique. M. Steve West, ministre responsable de l'Alberta Liquor Control Board (ALCB), annonçait en 1993 la vente ou la fermeture des 204 points de vente d'alcool jusque là détenus par le gouvernement albertain. Au cours de la dernière année précédant la privatisation, l'Alberta a récolté, principalement en taxes, licences et droits, 410 millions de dollars des activités de la vente d'alcool. Selon M. West, l'État devrait continuer à recevoir plus de 400 millions de dollars annuellement, tout en économisant 67 millions de dollars grâce à la privatisation.

Le gouvernement albertain prévoyait vendre l'ensemble de ses magasins pour une somme de 50 millions de dollars. Le premier magasin à trouver preneur, soit le « magasin-vedette » de la 106e rue à Edmonton, s'est vendu pour 1,9 million de dollars, un montant bien inférieur à sa valeur comptable de 4 millions de dollars. En janvier 1994, seulement 23,8 millions avaient été récoltés et les 60 magasins encore en vente étaient offerts à 10,2 millions[1]. Alors que l'on croyait réaliser un coup d'argent en vendant les magasins d'alcool, la réalité est apparue sous un tout autre jour.

Un parallèle intéressant peut être fait avec l'expérience québécoise. En 1985, le ministre péquiste Rodrigue Biron, alors respon-

---

1 Don Thomas, « Government losing money on privatisation : liquor stores being sold for less than original cost of building them », *Edmonton Journal*, 16 janvier 1994.

sable du projet de privatisation de la SAQ, était tout étonné de constater que près de la moitié des 129 succursales de la région de Montréal n'avaient tout simplement pas été l'objet d'une soumission. Le peu de succès de l'appel d'offres, qualifié de « flop » par la presse de l'époque, devait remettre à beaucoup plus tard la tentative de privatisation.

Impacts pour les consommateurs

La hausse de prix des produits de l'alcool suite à la privatisation est un fait bien documenté. Plusieurs sondages et enquêtes menés au cours de l'année 1994 ont mis en lumière une hausse substantielle des prix :

* Selon le Canadian Wine Institute, les prix de vente au détail auraient augmenté de 12,5 % en moyenne. Cette augmentation est due au fait que l'ALCB a fixé les prix de gros à seulement 6 % en deçà des prix de vente au détail d'avant la privatisation. Cette marge n'étant pas suffisante pour que les magasins privés puissent dégager un profit, ceux-ci se sont vu obligés d'augmenter substantiellement leurs prix[2].

* Le 19 janvier 1994, l'éditorialiste en chef de *l'Edmonton Journal* a affirmé, au cours de l'émission radiophonique *Le midi 15* diffusée sur les ondes de Radio-Canada, que les prix des vins et des spiritueux ont connu une hausse spectaculaire de 20 % en Alberta après seulement quatre mois de privatisation.

* Plusieurs sondages effectués par des journalistes et par Len Bracko, député de l'opposition responsable de l'ALCB, ont confirmé une hausse des prix de vente de l'alcool suite à la privatisation[3].

---

2 « The Impact of Privatisation on the Distribution and Sale of Alcohol Beverage in Alberta », Canadian Wine Institute, 4 juillet 1994.
3 G. Laxer *et al., op.cit.*

Pour la majorité des consommateurs, l'introduction d'une taxe uniforme (*flat tax*) a exacerbé la hausse de prix observée sur les boissons alcoolisées. Cette taxe, uniforme quelle que soit la qualité du produit, a permis une réduction importante de la taxe sur les produits de luxe. Les produits de consommation courante, eux, ont cependant connu une hausse de prix suite à cette nouvelle forme de taxation.

Il est également intéressant de noter que le gouvernement albertain a accordé des baisses de taxes aux nouveaux entrepreneurs à trois reprises depuis la privatisation, la dernière ayant eu lieu en octobre 1997[4]. Ces baisses de taxes visant à aider l'entreprise privée affectent les revenus de l'État sans que le consommateur n'y trouve son compte.

Gamme de produits et service à la clientèle

À l'entrepôt, le nombre de produits s'est multiplié en raison de la complète liberté qu'ont les fournisseurs de faire inclure leurs produits sur la liste de vente de l'ALCB. Ainsi, l'entrepôt doit maintenant gérer 3 534 produits, contre seulement 2 041 produits avant la privatisation[5]. Ce nombre accru de produits a évidemment fait augmenter les frais d'entreposage, mais le consommateur n'y a malheureusement pas trouvé son compte, puisque la privatisation a amené une baisse notable du nombre de produits offerts en magasin ; le nombre moyen de produits offerts dans les succursales de l'ALCB est passé de 860 avant la privatisation à seulement 425 après la privatisation[6].

En ce qui concerne le service à la clientèle, les clients se sont plaints de l'absence de conseillers. Les nouveaux vendeurs n'ont pas une connaissance suffisante pour bien informer et conseiller leurs clients et cette lacune devrait se perpétuer à l'avenir puisqu'il est à prévoir que les magasins privés investiront bien moins que les

---

4 Larry Johnsrude, « Outlets dont expect tax cut to affect booze cost much », *Edmonton Journal*, 11 octobre 1997.
5 Canadian Wine Institute, *op.cit.*
6 Canadian Wine Institute, *op.cit.*

anciennes succursales de l'ALCB pour la formation de leur personnel. Ce point négatif de la privatisation albertaine est particulièrement inquiétant pour le Québec, où les ventes de vins, et par conséquent l'aspect « conseil » du service à la clientèle, ont une importance beaucoup plus grande que n'importe où ailleurs en Amérique du Nord.

Selon les sondages réalisés, la seule note positive de la privatisation pour les clients semble être la multiplication des points de vente, l'allongement des heures d'ouverture et l'introduction de nouveaux services tels la vente de bière froide et la livraison à domicile. Cette observation amène deux remarques.

Premièrement, l'ALCB aurait très bien pu effectuer de tels changements tout en demeurant sous le giron de l'État. C'est d'ailleurs ce que la SAQ est actuellement en train de faire avec son virage commercial ; nouvelles bannières de succursales, allongement des heures d'ouverture et projets pilote de livraison à domicile. Les gains enregistrés pour le service à la clientèle n'ont donc rien à voir avec la privatisation, puisqu'ils auraient très bien pu être implantés en maintenant l'ALCB sous contrôle étatique.

Deuxièmement, les heures d'ouverture étendues et la multiplication des points de vente ont bien évidemment amené de nouveaux coûts pour l'ensemble des magasins de vente au détail (électricité, loyers, salaires, etc.). Ces nouveaux coûts ne sont pas étrangers au fait que le consommateur albertain paie maintenant beaucoup plus cher pour son alcool qu'avant la privatisation. Il aurait fallu évaluer correctement la pertinence d'un nombre accru de points de ventes et d'heures allongées compte tenu de l'impact sur les frais d'exploitation, plutôt que de croire, comme le gouvernement albertain l'a fait, que l'accessibilité des produits pour le consommateur est une fin en soi et que le secteur privé allait de toute façon absorber ces nouveaux coûts.

Impacts sur les employés

Si les résultats sont pour le moins mitigés pour le consommateur, il en est de même pour les employés de l'alcool. Concernant les économies possibles suite à la privatisation, un journal albertain, le *Alberta Report*, affirmait ceci :

> *« Government-union clerks make $13.50 an hour plus benefits, an 80-pages package including everything from subsidies for specially reinforced footwear to maternity leave »*

(Les employés syndiqués du gouvernement gagnent 13,50 $ l'heure, plus une série d'avantages allant des remboursements à l'achat de bottes de sécurité aux congés de maternité.)

Autrement dit, on pourra payer les nouveaux employés au salaire minimum, sans dépenser de l'argent « inutilement » pour acheter des bottes de sécurité aux employés d'entrepôt, ou accorder des congés de maternité. Voilà le seul « avantage » réel de la privatisation avec, bien entendu, les profits réalisés par ces nouveaux entrepreneurs.

Au Québec, lors de la privatisation avortée du ministre Biron, un des objectifs implicites était de faire disparaître le Syndicat des employés de magasins et de bureaux de la SAQ (SEMBSAQ). La totalité des magasins devaient être vendus séparément, plusieurs sous forme de coopératives de travailleurs, rendant impossible la formation de nouveaux syndicats.

Depuis que l'ALCB a été privatisée, les employés ont connu une baisse de salaire allant de 25 % à 45 %. Quant à la prétendue création d'emplois survenue suite à la privatisation, elle est due à la multiplication des points de vente et non à la privatisation elle-même ; l'ALCB, si elle avait multiplié le nombre de ses magasins, aurait créé elle aussi de nouveaux emplois.

Les prétentions du secteur privé mises à rude épreuve

Le secteur privé a toujours prétendu qu'il pouvait offrir plus de choix et plus de points de vente aux consommateurs sans augmentation de coûts, simplement par une meilleure gestion. Ces prétentions ont été mises à rude épreuve en Alberta, où les consommateurs et les employés ont clairement fait les frais de la privatisation. En réalité, le nombre accru de points de vente et les heures d'ouverture élargies en Alberta se sont financés à même le prix de vente au détail, les salaires aux employés, les revenus gouvernementaux et une gamme de produits moins étendue.

Le secteur privé, dans la vente au détail comme dans l'industrie des boissons alcooliques, n'a pas le monopole de l'efficacité, loin de là. Qu'on se rappelle simplement la faillite retentissante de Steinberg, ou encore la diversification manquée de Molson qui a obligée le brasseur à se délester de plusieurs de ses filiales suite à des pertes financières importantes.

Les avantages d'un monopole d'État

Le commerce des boissons alcoolisées est exercé en partie par le gouvernement du Québec depuis 1921, année où fut créée la Commission des liqueurs du Québec, qui est maintenant la SAQ. La société d'État offre plus de 4 000 produits aux consommateurs québécois et réalise des ventes annuelles nettes de plus d'un milliard de dollars.

La SAQ contribue de manière importante au financement des services publics. La société d'État a en effet versé au cours des dix dernières années plus de 6,6 milliards de dollars aux deux paliers de gouvernement en taxes, droits et dividendes. Près de 5 milliards de dollars, soit 73 % de cette somme, ont été versés au gouvernement du Québec.

1988 à 1997
(millions de dollars)

PROVINCIAL		FÉDÉRAL	TOTAL
Dividende	Taxes et droits	Taxes et droits	
3 595,0	1 242,9	1 775,7	6 613,6

La SAQ, une entreprise bien gérée

Contrairement à certaines prétentions du secteur privé, une entreprise étatique peut être bien gérée et peut exercer un contrôle strict sur ses dépenses d'exploitation pour générer des bénéfices intéressants. Le cas de la SAQ le prouve.

De 1988 à 1997, les dépenses d'exploitation de la SAQ n'ont augmenté que de 1,9 % annuellement, malgré une inflation annuelle au Québec de 3,0 %. Au cours de cette période de dix ans, la croissance des dépenses d'exploitation s'est maintenue sous le taux d'inflation pendant six années consécutives. Combien d'entreprises privées pourraient se vanter d'en faire autant?

Au chapitre de la gestion des immeubles, la SAQ a réussi l'exploit de faire passer la superficie moyenne de ses succursales de 4 844 pieds carrés en 1988 à 3 095 pieds carrés en 1997. La superficie moyenne des succursales a donc diminué de 36 % en dix ans même si la SAQ introduisait 834 nouveaux produits durant la même période de temps, soit une augmentation de 25 % par rapport aux produits offerts en 1988.

De plus, la SAQ a réduit la superficie de ses entrepôts de 290 500 pieds carrés pendant la même période, une diminution de 28,4 %. Encore une fois, cette diminution de l'espace utilisé a été réalisée en augmentant le nombre de produits offerts, de même que le nombre de litres vendus (augmentation de 40 millions de litres, soit 39,2 % de plus). Le contrôle serré de l'espace utilisé pour les succursales et les entrepôts a permis de contrôler les loyers et autres dépenses liés aux immeubles; l'augmentation annuelle de ces dépenses n'a été que de 0,6 % au cours des dix dernières années alors que l'inflation annuelle, rappelons-le, était de 3,0 %.

Le strict contrôle des dépenses et une gestion efficace ont permis à la SAQ de maintenir ses coûts d'opération à près de 15 % des ventes au fil des ans. En 1997, les coûts d'opération de la SAQ représentent toujours une partie relativement modeste du prix de la bouteille, soit 14 % seulement, alors que les montants perçus par les gouvernements et les sommes payées aux fournisseurs représentent plus de 80 % du prix de détail.

Composantes du prix de la bouteille

ANNÉE	1997
Taxes, droits et dividendes	53%
Coût des marchandises vendues	30%
Charges d'exploitation totales	**14%**
Autres éléments (retours, escomptes, etc.)	3%
TOTAL	100%

Une société capable d'innovation

Selon certains porte-parole du milieu patronal, la SAQ serait, comme toute société d'État, sclérosée par l'inefficacité et incapable de la moindre innovation. Aux individus qui croient détenir le monopole de l'adaptabilité, nous pouvons démontrer que cette société a, au fil des ans, fait preuve non seulement d'innovation, mais aussi de responsabilité sociale. Voici donc quelques-unes de ces réalisations.

- **Développement et commercialisation de la technologie d'embouteillage du Vinier**, soit un sac muni d'une valve, qui permet de vendre le vin en gros format de façon économique. Le récipient est moins cher au litre à remplir et à distribuer, une économie qui se reflète sur le prix payé par le consommateur.

- **Acquisition**, en partenariat avec la Banque Nationale du Canada, **d'une participation dans une entreprise vinicole du Chili**, la maison Torreon de Paredes. Cette acquisition permettra au Québec de prendre une part plus active au commerce international des vins. La SAQ a également acquis des participations dans plusieurs vignobles français.

- **Création du Fonds Éduc'alcool**, un organisme sans but lucratif qui a pour objectif d'informer et de sensibiliser la population, et plus particulièrement les jeunes, notamment sur la consommation modérée et réfléchie d'alcool, les dangers de la conduite avec facultés affaiblies, les risques liés à la consommation d'alcool durant la grossesse et la sensibilisation des jeunes à la consommation responsable.

- **Réfection de l'édifice historique** *Pied-du-Courant*, en respect du patrimoine architectural des édifices anciens. L'ancienne prison de Montréal et la Maison du gouverneur, classées monuments historiques, ont été rénovées sur une période de trois ans, de 1987 à 1990. La SAQ a contribué de ce fait à la mise en valeur de l'héritage culturel des Québécois.

- **Vente de vin en vrac au comptoir**, une pratique courante dans l'industrie, mais selon un concept propre à la SAQ qui a servi de modèle à plusieurs entreprises.

- **Repositionnement corporatif**, qui a permis d'améliorer le service à la clientèle en créant de nouvelles bannières et d'accroître l'achalandage de 5,2 %.

Ces quelques exemples montrent clairement que la SAQ est une entreprise dynamique et innovatrice, constamment à l'affût d'une opportunité d'amélioration. C'est aussi une entreprise responsable et soucieuse de minimiser les coûts collectifs associés à la consommation abusive d'alcool. À ce chapitre, il ne faut pas trop compter sur les entreprises privées, qui ont opposé certaines réticences lorsque la SAQ a voulu instaurer le Fonds Éduc'alcool.

Rentabilité et juste valeur marchande de la SAQ

Selon certains, les actifs de la SAQ valent quelques dizaines de millions de dollars que le gouvernement pourrait empocher advenant une privatisation. Selon les états financiers de la SAQ, la valeur nette comptable des actifs, soit la valeur de ses biens après remboursement des dettes, s'élève à 41,3 millions de dollars pour l'année 1997.

Cette méthode d'évaluation de la valeur de l'entreprise occulte complètement une part importante de sa valeur réelle : sa capacité à générer des profits. Si l'on considère que la SAQ verse de 350 à 385 millions de dollars en dividendes chaque année au gouvernement, il est bien évident que sa valeur est supérieure à 41,3 millions de dollars. Si, par exemple, le montant de la vente était placé à un taux annuel de 10 %, il faudrait un montant de plus de 3,6 milliards pour couvrir la perte du dividende, qui était de 364 millions de dollars en 1997. Au taux actuel de 5 %, c'est plus de 7,2 milliards qu'il faudrait aller chercher avec la vente de la SAQ.

Il est bien évident que des acheteurs éventuels ne paieraient jamais de tels montants advenant une privatisation de la SAQ. Le gouvernement du Québec obtiendrait un montant déprécié qui se rapprocherait de la valeur des actifs, déduction faite des dettes de l'entreprise. La vente de la SAQ ferait donc perdre au gouvernement plusieurs milliards. On n'a qu'à voir ce qui s'est passé en Alberta, où les magasins de l'ALCB ont été carrément liquidés à bas prix.

Pourquoi le gouvernement n'obtiendrait-il pas le plein prix en privatisant la SAQ ? Dans la plupart des cas de privatisation, le gouvernement agit rapidement pour éviter de confronter ses projets aux réticences légitimes des citoyennes et citoyens. La vente devient alors une liquidation pure et simple de biens publics. On n'a qu'à penser au centre de ski Mont-Ste-Anne, qui fut vendu en 1994 plus de 22 millions de dollars en deçà de sa valeur marchande[7].

La privatisation de Sidbec-Dosco est un autre bon exemple de vente de feu. Après avoir investi 1,5 milliards de dollars dans l'entreprise, le gouvernement l'a vendue à une entreprise mexicaine pour aussi peu que 45 millions de dollars[8] ; le bénéfice

---

7   Voir notre étude sur la privatisation du Mont-Ste-Anne en page 213
8   André Pépin, « Sidbec-Dosco est vendue à une société mexicaine pour 45 millions », *La Presse*, 7 juillet 1994.

net de la première année suite à la privatisation de 60,5 millions de dollars, a, à lui seul, plus que compensé le prix de vente de l'usine[9].

Dans le cas de la SAQ toutefois, un autre facteur bien plus important expliquerait pourquoi le gouvernement et la collectivité retireraient bien peu de sa privatisation. La SAQ réalise des bénéfices importants, non seulement parce qu'elle est bien gérée, mais également et surtout parce qu'elle est en situation de quasi-monopole dans la plupart de ses activités commerciales. Elle retire donc beaucoup plus en profits qu'une entreprise en situation de concurrence.

La SAQ réalise des marges bénéficiaires à la fois élevées et stables, mais c'est surtout au chapitre du rendement de l'avoir de l'actionnaire qu'elle se distingue particulièrement. Au cours des cinq dernières années, elle a procuré au gouvernement du Québec un rendement annuel d'environ 1 000 % sur son investissement. À titre de comparaison, la compagnie Seagram, une des compagnies canadiennes les plus profitables tous secteurs d'activités confondus, a réalisé en 1996 un rendement de « seulement » 37 %.

Est-ce à dire que les consommateurs font les frais de la SAQ parce qu'elle abuse de sa situation de monopole? La SAQ se fixe bien entendu une marge bénéficiaire élevée en raison de sa situation de monopole, mais comme elle limite le nombre de points de vente et, par le fait même ses frais d'exploitation, elle est tout de même en mesure d'offrir à ses clients des prix de détail intéressants. Comme le montre l'exemple de l'Alberta, où les prix de vente au détail ont grimpé à la suite de la privatisation des magasins de détail, l'avènement de la concurrence ne garantit pas des prix plus bas, bien au contraire.

Qu'arriverait-il suite à une privatisation de la SAQ? En premier lieu, le gouvernement devrait à court ou à moyen terme libéraliser le commerce de l'alcool. Comme le profit de monopole disparaîtrait suite à cette libéralisation, les actifs de la SAQ seraient nécessairement vendus à une valeur de beaucoup inférieure à ce

---

9   Gérard Bérubé, « Quatre mois après sa privatisation, Sidbec-Dosco affiche un profit record », *Le Devoir*, 17 mars 1995.

que le gouvernement en retirerait s'il en gardait le contrôle exclusif. Même si l'avènement de la concurrence ne se faisait qu'à la suite d'une période transitoire, les nouveaux investisseurs privés anticiperaient la baisse future de leurs profits et ne seraient pas disposés à payer le plein prix pour les actifs de la SAQ. S'il désire vraiment maximiser son investissement dans la SAQ à l'avantage de toutes les Québécoises et de tous les Québécois, le gouvernement ne doit pas s'engager dans la voie de la privatisation.

La contrebande d'alcool

Plusieurs attribueront *a priori* la cause de la contrebande à l'inefficacité de la SAQ qui serait un monopole syndiqué et fermé au changement, donc incapable de réduire ses coûts de distribution et de vente. À notre avis, ce jugement teinté d'idées préconçues sur les sociétés d'État n'identifie pas la vraie cause de la contrebande d'alcool.

Comme nous l'avons déjà vu précédemment, 53 % du prix de vente de l'alcool provient des différents droits, taxes et dividendes perçus par les gouvernements. Les divers coûts d'opération de la SAQ ne comptent que pour 14 % du prix de la bouteille. On le voit bien, la contrebande de l'alcool est principalement due à une politique fiscale des gouvernements qui n'a rien à voir avec l'efficacité et l'efficience de la gestion de la SAQ.

Un parallèle intéressant peut être fait avec la contrebande des cigarettes. Comme pour l'alcool, le prix du paquet de cigarettes est artificiellement gonflé par des taxes importantes, ce qui crée un écart majeur entre les prix au Canada et aux États-Unis. C'est cet écart qui pousse le contrebandier à traverser la frontière pour vendre illégalement des cigarettes au Canada. Quiconque attribue la contrebande de l'alcool au simple fait que celui-ci est commercialisé par une société d'État doit bien se rendre compte que la fabrication et la commercialisation par le secteur privé des cigarettes n'en éliminent pas la contrebande, bien au contraire.

La vente d'alcool et de cigarettes pose des problèmes socioéconomiques importants et l'État doit être présent afin de contrôler l'offre et la demande de tels produits et services. Dans le cas des cigarettes, l'État essaie de réduire la consommation de ce produit en raison des coûts sociaux énormes. Mais la fabrication et la commercialisation de ce produit étant laissées aux « bons soins » du secteur privé, on constate dans toute sa splendeur la véritable nature des fabricants de cigarettes qui sont partie prenante à part entière à cette désolante affaire du trafic au noir. Comme ils ont réussi à convaincre tout le monde que la contrebande est liée uniquement aux taxes et non à leurs profits exorbitants, l'État a réduit ces taxes, ce qui a provoqué une hausse du déficit gouvernemental.

La privatisation complète de l'alcool engendrera cette même forme de capitalisme débridé où le secteur privé, loin de collaborer avec les gouvernements afin de réduire la consommation d'alcool, fera le nécessaire afin d'accroître la consommation et entreprendra une vigoureuse campagne de sensibilisation afin de laisser croire aux gens que la contrebande de l'alcool est avant tout occasionnée par les taxes et non par les gros profits de ces derniers. Ainsi, suite aux pressions répétées des producteurs, le gouvernement devra sans doute baisser ses taxes afin de laisser l'espace voulu au profit exigé par le privé, comme dans le cas des cigarettes.

À nous de choisir ce que nous voulons comme société. Après l'alcool, le secteur privé réclamera à grands coups d'arguments démagogiques la privatisation des casinos et des loteries, deux secteurs économiques qui rapportent beaucoup à la collectivité et à l'État. Les profits iront alors aux entrepreneurs qui refileront naturellement les coûts sociaux énormes liés à la consommation de ces produits et services à la collectivité. Encore une fois, la population serait le dindon de la farce.

Avantages d'un monopole étatique pour les activités commerciales

Actuellement, la SAQ jouit de réductions importantes sur le prix d'achat de tous ses produits importés, car c'est elle seule qui importe en son nom pour le compte de tous les agents accrédités au

Québec[10]. Outre les prix, la SAQ peut profiter de conditions avantageuses, comme par exemple la possibilité d'acheter des produits rares. De plus, le fait qu'il y ait un seul importateur minimise les frais de commande, de transport, de réception et d'entreposage des produits venant de l'extérieur. Advenant une éventuelle privatisation de la SAQ, chacun des agents accrédités importerait lui-même ses produits en plus petites quantités, ce qui provoquerait inévitablement une hausse vertigineuse du prix des produits importés, des frais de transport, de commande, de réception, d'entreposage, etc. Cette situation aurait un impact significatif sur le prix des vins et des spiritueux importés vendus au Québec.

La privatisation de la SAQ entraînerait l'apparition d'un nouveau coût pour le consommateur, soit le profit exigé par les nouveaux entrepreneurs qui prendraient la place de la société d'État à titre d'importateur et de distributeur de l'alcool. Actuellement, tous les profits nets de la SAQ sont versés au gouvernement du Québec. Comme les tenants de la privatisation promettent que l'État maintiendrait le même niveau de revenus suite à la privatisation de la SAQ, il faudrait donc ajouter un nouvel élément, soit le rendement exigé par le secteur privé, ce qui aurait un impact significatif à la hausse sur le prix de l'alcool au Québec. De plus, il faut ajouter les salaires de ces nouveaux dirigeants et leurs dépenses de représentation. Tous savent que le niveau de rémunération des dirigeants du secteur privé est largement supérieur à celui du secteur public.

Finalement, et c'est là une considération importante pour un gouvernement qui se prétend souverainiste, la privatisation partielle ou totale de la SAQ obligerait cette dernière à payer des impôts au gouvernement fédéral. Selon le scénario de privatisation partielle que la Société générale de financement a divulgué en octobre dernier, la vente de seulement 30 % du capital-action de la SAQ à des investisseurs privés ferait perdre au Québec 30 millions

---

10 Comme ce sont les agents, et non la SAQ, qui négocient les prix, il est toutefois probable que la SAQ ne profite pas pleinement de cet avantage.

de dollars au profit d'Ottawa[11].

En janvier 1979, M. Raymond H. Kasser, président et propriétaire de la Kasser Distillers Products Corporation of Pennsylvania, et président du Conseil d'administration du Independent American Whisky Association, affirmait devant la législature de l'État de Pennsylvanie que « quand le commerce des vins et spiritueux est entre les mains de l'entreprise privée, le détaillant récupère la grande part des profits, le grossiste une part plus restreinte et enfin, l'État récupère les miettes ». De même, dans une étude, produite par le professeur Julian L. Simon de l'Université de l'Illinois, sur l'économie de marché des boissons alcooliques comparant des systèmes de commercialisation privés à des systèmes contrôlés par l'État, il concluait en disant que « les gouvernements où existe un monopole d'État retirent beaucoup plus d'argent de la commercialisation des boissons alcooliques vendues à l'intérieur de leur territoire que ceux où la commercialisation de ces produits est assurée par l'entreprise privée ».

Résumé des avantages d'un monopole d'État

Pour plusieurs groupes de la collectivité québécoise, la forme actuelle des activités de distribution et de vente de boissons alcooliques au Québec présente plusieurs avantages. Nous reprenons ici les principaux avantages pour chacun de ces groupes d'un tel monopole.

Consommateurs

Plus de choix en succursale : La SAQ offre présentement près de 4 200 produits différents. Plusieurs de ces produits disparaîtraient advenant une privatisation.

Meilleur contrôle de la qualité : Un contrôle de la qualité est beaucoup plus simple s'il est fait à l'intérieur de la même entité. De

---

11 Francis Vailles, « Privatisation de la SAQ : Québec perdra 30 M $ par année au profit d'Ottawa », *Les Affaires*, 11 octobre 1997.

plus, les gestionnaires de la SAQ n'ont pas comme objectif d'augmenter la rentabilité à n'importe quel prix, ce qui réduit considérablement le risque que le contrôle de la qualité soit bâclé. Finalement, l'importation en vrac de certains vins simplifie le contrôle, puisqu'il peut être fait sur l'ensemble du vin avant l'embouteillage.

Fournisseurs

Garantie de paiement : Les fournisseurs ne craignent pas les créances irrécouvrables, puisque leur seul client, la SAQ, ne peut virtuellement pas faire faillite.

Un seul client : Les producteurs québécois n'ont à livrer de la marchandise qu'à un seul client et cela leur simplifie beaucoup la tâche. Leurs frais d'administration (facturation, comptabilité), de distribution et de marketing s'en trouvent considérablement réduits.

Gouvernement

Source de flux monétaires : Comme nous l'avons vu, la SAQ verse d'importantes sommes au gouvernement du Québec sous forme de dividendes, taxes, droits, etc. Advenant une privatisation, le gouvernement devrait dire adieu à son profit de monopoleur et le nouveau secteur privé ferait certainement du lobby pour obtenir des baisses de taxes.

Politiques sociales : Puisque le gouvernement est le propriétaire des principales activités de vente d'alcool, il peut instaurer directement des politiques sociales concernant la modération au niveau de la consommation d'alcool, l'éducation du consommateur, l'ivresse au volant, etc. Le privé, au contraire, est réfractaire à ce genre de politique. N'eut été de la SAQ, un programme comme le Fonds Éduc'alcool, qui sert de modèle à travers le monde, n'aurait jamais vu le jour.

Aucune friction avec les activités commerciales : Lorsque le gouvernement veut modifier la taxation ou la législation touchant au secteur privé, celui-ci oppose toujours des résistances par le biais de lobbying d'associations patronales ou sectorielles. La SAQ, étant une extension de l'appareil gouvernemental, travaille au contraire en harmonie avec celui-ci.

Contrôle de la contrebande et de la falsification : Le monopole étatique de la vente de boissons alcoolisées permet de mieux contrôler la contrebande et la falsification. La SAQ collabore à cet effet avec les différents corps policiers pour enrayer ce fléau.

Activités commerciales

Frais de distribution : La forme actuelle de l'industrie de l'alcool est celle qui minimise les frais de distribution. Si le gouvernement éliminait la fonction de grossiste de la SAQ ou en permettait la libéralisation, il s'ensuivrait une explosion des frais de transport. Il en est de même pour la vente au détail.

Intégration des activités : Puisque pour plusieurs activités, une partie de la SAQ fait directement affaire avec une autre partie, les frais associés à la relation fournisseur-client sont réduits au minimum. Parmi ces frais, nous retrouvons la facturation, les enquêtes de crédit, les poursuites judiciaires, le retour de marchandises, etc.

Pouvoir d'achat : La SAQ achète à elle seule la totalité des vins et spiritueux consommés sur le territoire québécois[12]. L'importance des achats lui fait profiter de réductions substantielles, impossibles à réaliser dans un marché fragmenté. Ce pouvoir d'achat serait d'ailleurs accru si la SAQ pouvait agir elle-même à titre d'agent.

Économie régionale

Prix uniforme d'une succursale à l'autre : Un monopole étatique permet d'uniformiser les prix, ce qui serait impossible dans un

---

12 Les embouteilleurs québécois passent eux aussi par la SAQ pour importer du vin en vrac.

marché pleinement concurrentiel. Dans un tel contexte, des frais de distribution différents auraient tôt fait de rendre les prix prohibitifs dans certaines régions du Québec.

Produits du terroir : La SAQ est le seul embouteilleur québécois à avoir pris le risque de développer et de mettre en marché des produits du terroir à base de sirop d'érable, de cassis ou de petits fruits, encourageant de ce fait le développement économique régional.

Collectivité

La consommation d'alcool engendre malheureusement des problèmes sociaux importants. Il en découle des frais collectifs significatifs de soins de la santé, d'accidents de la route, de délinquance, d'absentéisme au travail, de criminalité, de problèmes familiaux, etc. Ces coûts externes et collectifs liés à la consommation d'alcool sont récupérés, en partie du moins, par le biais du généreux dividende versé annuellement au gouvernement par la SAQ. La privatisation complète de la SAQ ferait en sorte que les coûts seraient encore supportés par la population du Québec, alors que le secteur privé réaliserait des bénéfices grâce au lucratif commerce de l'alcool. Ainsi, il y aurait un mauvais appariement entre les coûts générés par la consommation de ce produit et les revenus qui en découlent.

En tant que société d'État, la SAQ appartient à toutes les Québécoises et tous les Québécois. Les profits ainsi réalisés restent au Québec pour être réinvestis dans l'économie. La SAQ est un important levier économique, au même titre que la Caisse de dépôt, Hydro-Québec et Loto-Québec. En 1997, la SAQ a versé à des entreprises québécoises plus de 80 millions de dollars pour des biens et services et ce, excluant l'achat de boissons alcooliques. Elle a maintenu près de 2 000 emplois.

Libéralisation du marché de l'alcool

Si l'on en croit une manchette de *La Presse* datée du 27 novembre 1997, le gouvernement envisagerait de permettre sous peu la vente de boissons alcoolisées à tous les dépanneurs et épiceries qui en feraient la demande. Ce n'est pas la première fois que ce débat fait surface et vient remettre en question le monopole de la SAQ dans la distribution et la vente au détail de l'alcool; rappelons entre autres que le gouvernement a permis, en 1978 et en 1980, la vente de vin dans les épiceries et les dépanneurs.

Parmi les groupes de pression les plus puissants dans ce dossier, outre l'Association des détaillants en alimentation qui regroupe des milliers de détaillants, mentionnons l'Association des distillateurs et le Conseil canadien de la distribution alimentaire. Ces organisations se battent depuis longtemps contre le monopole de la SAQ pour le plus grand bénéfice de leurs membres. L'ADA a même réussi à faire nommer son pdg et porte-parole, Michel Gadbois, au conseil d'administration de la SAQ après que ce dernier se soit prononcé en faveur du démantèlement de la société d'État. Le loup dans la bergerie!

En permettant aux épiciers, dépanneurs et grossistes de la province de vendre de l'alcool sans restrictions, les 342 succursales et entrepôts de la SAQ seraient en concurrence avec plus de 12 000 points de vente privés. Du coup, la SAQ ne vaudrait guère plus que la valeur foncière de ses magasins et de ses entrepôts; une perte nette de 7 milliards de dollars pour les Québécois, tout cela au plus grand profit des chaînes d'alimentation.

Une explosion des prix

Pour les consommateurs, la libéralisation du marché occasionnerait une hausse de prix importante des produits alcoolisés, simplement parce que la multiplication des points de vente amènerait de nouveaux coûts pour l'ensemble des magasins de vente au détail. Il faudrait en effet distribuer les produits dans 12 000 points de vente et chacun de ces points de vente devrait se constituer un inventaire et le financer. C'est pour cette raison fort simple que la SAQ n'ouvre pas une succursale à chaque coin de rue.

L'exemple de la bière est à cet effet fort éloquent. Notre province est la seule au Canada, avec maintenant l'Alberta, à permettre aux différents brasseurs de livrer directement aux détaillants privés. Les brasseurs font ainsi affaire avec 12 000 épiceries et dépanneurs sans passer par la SAQ. Au Québec, le marché de la bière a donc été laissé entièrement au secteur privé depuis toujours. Pourtant, le prix de la bière est plus élevé au Québec qu'en Ontario. De plus, le gouvernement de l'Ontario perçoit plus de taxes sur le commerce de la bière que le gouvernement du Québec et les brasseurs, qui sont les mêmes firmes que celles établies ici, réalisent des bénéfices plus élevés[13].

D'ailleurs, lorsque la SAQ a introduit des marques de bière étrangères dans ses succursales, en 1989, les brasseurs canadiens l'ont accusée de mener une concurrence injuste et déloyale tant les prix de la SAQ étaient bas[14]. Pourtant, la SAQ appliquait les mêmes règles de majoration des prix que pour ses autres produits. Le simple fait de distribuer dans un nombre limité de points de vente permettait à la SAQ d'offrir des prix très, voire trop, compétitifs. Certaines marques de bière importées se vendaient même à un prix inférieur à celui des marques canadiennes.

Les prix plus élevés de la bière au Québec s'expliquent en partie par les frais de livraison énormes encourus par les brasseurs. En effet, ces derniers possèdent leur propre flotte de camions et cha-

---

13 Jocelyn Tremblay, « La béatitude ! », Opinion, *La Presse*, 18 août 1994.
14 Richard Dupaul, « Bières étrangères : l'invasion ; SAQ-Brasseries : un débat sur le prix d'une bouteille de bière », *La Presse*, 11 novembre 1989.

cun des brasseurs livre directement aux 12 000 points de vente au Québec. En Ontario, la livraison est effectuée par les brasseurs dans environ 435 *Beer Stores* et, de manière plus modeste, dans les succursales de l'OLCB[15], ce qui réduit considérablement les frais de livraison.

Même si le gouvernement élargit le nombre de produits disponibles pour les détaillants privés plutôt que de permettre une libéralisation complète, les impacts seraient les mêmes quoiqu'à plus petite échelle : les profits de la SAQ diminueraient et les frais de vente et de distribution de ces produits seraient multipliés. Avant de dilapider le patrimoine des Québécois et de pénaliser les consommateurs sous prétexte de leur offrir une meilleure accessibilité, le gouvernement québécois serait avisé de bien méditer sur ces réalités économiques.

Combien de temps avant une baisse des taxes sur l'alcool ?

Alain Dubuc, éditorialiste à *La Presse*, prétend que l'État pourrait percevoir les mêmes recettes sur l'alcool advenant une libéralisation de ce marché. Il affirme à cet effet que « l'expérience du vin dans les épiceries ou du tabac montre que l'État n'a pas besoin de vendre lui-même une bouteille pour récupérer les taxes. »

S'il est un exemple où la vente par des détaillants privés a été un fiasco pour les recettes fiscales, c'est pourtant bien celui du tabac. Les détaillants, chapeautés par l'Association des détaillants en alimentation (ADA), ont tout fait pour obtenir une réduction de taxes des gouvernements. Les détaillants ont même menacé de ne pas verser aux gouvernements les taxes perçues tant que ces taxes sur le tabac ne seraient pas abaissées.

Si l'on permet une extension significative de la vente d'alcool dans les dépanneurs, combien de temps de répit sera accordé au gouvernement avant que les dépanneurs se plaignent des taxes trop

---

15 Seules cinq marques de bière sont distribuées dans les succursales.

élevées sur l'alcool? Rappelons encore une fois que ces taxes nous rapportent plus de 300 millions de dollars annuellement.

Tentatives de privatisation de l'usine d'embouteillage

Le gouvernement québécois annonçait, en septembre 1993, la mise en vente de l'usine d'embouteillage de la SAQ. On prévoyait alors que le processus de mise en vente serait finalisé avant la fin de l'été 1994. Le gouvernement envisageait comme scénarios possibles une fusion avec un producteur ou la vente pure et simple de l'usine. Cette option fut finalement abandonnée pour réapparaître, trois ans plus tard, dans le document du groupe de travail sur le secteur des boissons alcooliques au Québec.

Les raisons qui motivent la vente demeurent énigmatiques. Un prétexte avancé par le secteur privé pour défendre le projet de vente est d'affirmer que la SAQ, en embouteillant ses propres marques maison, se trouve en plein conflit d'intérêts, car elle concurrence injustement ses fournisseurs. Le groupe de travail, dans son premier document produit en octobre dernier, reprend ces arguments du secteur privé : « Si la SAQ est le seul actionnaire, la création d'une entité légale distincte n'élimine pas la perception négative de conflit d'intérêts, ni les critiques relativement à la non-pertinence de la présence active d'une société d'État dans l'industrie de la mise en bouteille[16]. »

D'une part, qui critique la pertinence de la présence de la SAQ dans l'embouteillage, sinon les embouteilleurs qui en subissent la

---

16 Groupe de travail sur le secteur des boissons alcooliques au Québec, *Réflexion sur l'organisation du secteur des boissons alcooliques au Québec*, 9 octobre 1997.

concurrence ? D'autre part, il est assez particulier de parler de « conflits d'intérêts » pour tout simplement décrire une entreprise intégrée verticalement. Pourtant, le secteur privé ne fait pas grand cas des IGA, Provigo ou Canadian Tire, qui concurrencent aussi leurs fournisseurs en commercialisant des marques maison. Les grandes chaînes d'épicerie ont leur propre marque de bière maison (la marque Norois de Métro-Richelieu et la marque Nos compliments de IGA) qui concurrencent leurs fournisseurs de bière. Labatt et O'Keefe ont d'ailleurs tenté d'empêcher Métro de vendre sa Norois sous prétexte que le détaillant exerçait une concurrence déloyale, mais la Cour suprême a donné raison à Métro[17]. La SAQ ne devrait pas se laisser intimider par ses concurrents et devrait faire valoir ses droits comme l'a fait Métro.

Rentabilité de l'usine d'embouteillage

On prétend aussi que les activités d'embouteillage de la SAQ sont déficitaires et qu'on ne pourrait rétablir leur rentabilité qu'en confiant ces activités au secteur privé. L'analyse des états financiers de l'usine nous laisse toutefois un tout autre constat.

Résultats de l'usine d'embouteillage
(en milliers de dollars, sauf pourcentages)
1995 -1997

	1997	1996	1995	MOYENNE
VENTES	40 556	39 822	36 850	39 076
BÉNÉFICE NET	2 412	1 281	410	1 368
AVOIR DE LA SAQ	4 432	4 293	4 441	4 389
RENDEMENT DE L'AVOIR	54,4 %	29,8 %	9,2 %	31 %

17 Presse canadienne, « Bière Norois : victoire de Métro-Richelieu en Cour suprême », *La Presse*, 8 novembre 1996.

De 1995 à 1997 en effet, le rendement de l'avoir de la SAQ a littéralement explosé, passant de 9,2 % en 1995 à 54,4 % en 1997. Les capitaux investis par la SAQ dans cette usine lui ont procuré un rendement moyen de 31 % annuellement. Ce n'est pas rien !

Plusieurs facteurs peuvent expliquer une telle amélioration de la rentabilité. En premier lieu, les ventes de l'usine d'embouteillage ont connu une hausse constante au cours des trois dernières années, ce qui a permis une augmentation de la marge brute de 6 %. Ensuite, les frais d'opération ont, malgré la hausse des ventes, diminué de 18 % au cours de la même période.

Finalement, l'actif total employé par l'usine a fondu de 11 %, passant de 28,0 millions de dollars en 1995 à 24,8 millions en 1997. Cette baisse est due à une diminution équivalente des stocks et n'est peut-être pas étrangère à l'amélioration générale de la gestion des stocks observée pour l'ensemble des activités de la SAQ. En plus d'améliorer le rendement de l'actif total, cette baisse des stocks diminue les frais de financement ; ceux-ci ont connu une baisse de 38 % au cours des trois dernières années.

Avec un bénéfice net de 2,4 millions de dollars et un rendement de l'avoir de 54,4 % pour l'année 1997, l'usine d'embouteillage offre un rendement fort intéressant à son propriétaire. De plus, la diminution des frais d'opération, des stocks et des frais de financement démontre que l'usine, comme l'ensemble de la SAQ, est bien gérée. Quel serait l'intérêt de privatiser cette activité ?

L'utilisation de la pleine capacité de l'usine

Il est vrai que l'usine fonctionne en deçà de sa capacité : avec une capacité normale de trois millions de caisses[18], l'usine a embouteillé seulement 894 000 caisses en 1997. C'est donc dire que seulement 29,8 % de la capacité de l'usine fut utilisée au cours de la dernière année. Le privé aimerait bien s'approprier cette capacité excédentaire et les revenus qui en découlent. Il est toutefois possible d'utiliser cette capacité excédentaire par divers moyens et ac-

---

18 La capacité théorique de l'usine, en supposant une utilisation maximale 7 jours sur 7 et 24 heures par jour, est de 4,5 millions de caisses.

croître ainsi le rendement global de la SAQ, sans avoir recours à une privatisation de l'usine.

Comme les frais fixes[19] sont importants (environ 5,1 millions de dollars en 1997), on peut augmenter la rentabilité de l'usine de manière intéressante avec une augmentation des ventes relativement modeste. En augmentant les ventes de seulement 25 %, soit de 900 000 caisses à 1 125 000 caisses, le bénéfice net et le rendement de l'avoir feraient un bond de 50 %. En doublant la capacité utilisée de 30 % à 60 %, le bénéfice net et le rendement de l'avoir seraient multipliés par trois.

Avec une production de 894 000 caisses, l'usine d'embouteillage est très proche de son point mort[20], qui est de 956 000 caisses, soit 31,8 % de la capacité. La SAQ a tout intérêt, maintenant que les frais fixes sont à toutes fins pratiques couverts par les activités d'embouteillage, à accroître sa production en recherchant de nouvelles opportunités commerciales.

Des entraves aux activités de la SAQ

Comme toute entreprise commerciale, la SAQ a intérêt à rechercher de nouvelles opportunités d'affaires pour augmenter ses ventes et, du même coup, ses profits. Malheureusement, notre société d'État est limitée de par sa loi qui entrave ses possibilités d'expansion. La Loi sur la Société des alcools du Québec stipule en effet que « La Société ne peut, sans l'autorisation du gouvernement[21]

- Prendre un engagement financier au-delà des limites et des modalités déterminées par le gouvernement ;

---

19 Comprend les frais généraux fixes, les frais d'administration directs, l'amortissement, les frais de financement, les dépenses corporatives et les revenus divers (source : Usine d'embouteillage - Résultats pour la période terminée le 30 mars 1996).
20 Les activités d'embouteillage, au sens strict, sont légèrement déficitaires. La rentabilité de l'usine provient actuellement des ventes de vin en vrac.
21 Lois refondues du Québec, chapitre S-13, articles 20 et 20.1.

- Construire, acquérir ou céder un immeuble en considération de montants supérieurs aux montants déterminés par le gouvernement ;

- Contracter un emprunt qui porte le total des sommes empruntées par elle et non encore remboursées au-delà d'un montant déterminé par le gouvernement ;

- Acquérir des actions ou des parts d'une autre entreprise.»

La Loi limite également l'autonomie financière de la SAQ :

« *Avant le début de chaque année financière, la Société doit préparer et transmettre pour approbation au Conseil du trésor un budget d'investissement et un budget de fonctionnement*[22]. *(...) Les dividendes payés par la Société sont fixés par le ministre des Finances et non par les administrateurs*[23] ».

Force est de constater que la SAQ est sous la tutelle du gouvernement du Québec. La société d'État ne peut s'endetter pour acheter des actifs ou des compagnies rentables sans toujours avoir à s'en remettre au gouvernement du Québec. Comme nous allons le voir, ces limitations ont déjà bloqué par le passé des occasions d'investissement fort rentables pour la SAQ.

De plus, ce n'est pas l'entreprise qui détermine le dividende à verser en fin d'année, mais son actionnaire. Et, comme tous les actionnaires, le gouvernement du Québec est fort avide en dividendes : de 1988 à 1997, les bénéfices nets de la Société ont été versés à 99,7 % en dividendes au gouvernement du Québec. Cela ne laisse à peu près rien à la SAQ pour lui permettre de prendre de l'expansion.

Pourtant, ce ne sont pas les occasions qui manquent. En 1993, par exemple, la SAQ avait la possibilité d'acheter 50 % de Havana

---

22 Lois refondues du Québec, chapitre S-13, article 57.
23 Lois refondues du Québec, chapitre S-13, article 58.

Club pour la somme de 6 millions de dollars. La société d'État avait obtenu un contrat spécial pour embouteiller 125 000 caisses en 6 semaines pour les marchés étrangers de Havana Club. Selon la loi, le Conseil du Trésor devait avaliser la transaction; l'achat de Havana Club fut refusé sous prétexte que ce n'était pas la mission de la SAQ d'acheter des entreprises étrangères. Peu de temps après, cette participation dans Havana Club fut vendue à la compagnie française Pernod-Ricard pour plus de 30 millions de dollars, soit au moins cinq fois plus que le montant offert par la SAQ. Une belle occasion perdue...

Possibilités d'expansion

La SAQ a entrepris, depuis quelques temps, de développer et de mettre en marché des produits du terroir québécois. En plus de permettre une meilleure utilisation de son usine d'embouteillage, ces nouveaux produits couvrent un créneau que le secteur privé québécois a, jusqu'à maintenant, complètement délaissé. La production de ces produits à base de sirop d'érable, de cassis et de petits fruits dépasse les 20 000 caisses et la SAQ peut maintenant penser à les exporter.

On ne saurait insister sur l'importance, pour l'économie québécoise, de développer une production purement locale. Contrairement à l'embouteillage de vins importés en vrac, ces produits sont fabriqués avec des matières premières provenant exclusivement du Québec. Leur commercialisation à grande échelle permet de stimuler l'économie régionale; pour la liqueur de cassis, par exemple, la SAQ a assuré à deux producteurs de l'Ile d'Orléans l'achat de leur production pour les quinze prochaines années. Il est important de souligner encore une fois que la SAQ est le seul embouteilleur québécois à avoir pris le risque de développer ces produits.

L'achat de vignobles est une autre avenue intéressante pour la SAQ; cela permet à la SAQ d'importer la production de ces vignobles et de les embouteiller ici au Québec. La société d'État a d'ailleurs fait l'acquisition d'une participation dans un vignoble au Chili, en partenariat avec la Banque Nationale. Simplement en offrant son réseau de distribution, la SAQ a pu obtenir 30% du vignoble chilien. La SAQ s'est également portée acquéreur de plusieurs participations dans des vignobles en France. Il est à noter que si la SAQ avait pu contracter des emprunts, comme toute société commerciale, elle aurait pu acheter le vignoble chilien et les autres vignobles dans leur totalité, sans s'embarrasser de partenaires pour financer le projet.

La SAQ aurait également la possibilité de conclure des ententes avec des entreprises étrangères, pour agir comme agent exclusif de ces entreprises au Québec et importer du vin en bouteille ou en vrac pour l'embouteiller ici. En échange, ces entreprises commercialiseraient sur leurs marchés respectifs les produits du terroir de la SAQ. Malheureusement, ces ententes ne peuvent être poussées plus loin parce que la SAQ n'a pas le droit d'être un agent au Québec. Ceci est d'autant plus surprenant que les compétiteurs de la SAQ, comme la société ontarienne Vincor et le Groupe Paul Masson, eux, ont le droit d'agir comme agents. La SAQ, en fait, n'a même pas le droit d'agir comme agent pour ses propres vignobles.

Le réseau de distribution de la SAQ est un élément important pour mettre en valeur les actifs de l'usine d'embouteillage : c'est cet avantage qui a permis à la SAQ de mettre la main sur des participations dans plusieurs vignobles sans débourser un sou et qui aurait pu lui apporter des contrats fort intéressants avec des entreprises vinicoles étrangères si elle avait pu agir comme agent. Il est primordial de conserver l'usine bien intégrée aux autres activités de la SAQ puisque ces activités sont complémentaires.

La SAQ devrait pouvoir acheter des entreprises pour rentabiliser davantage ses opérations. Nous reviendrons plus loin dans cette section sur la vente de l'embouteilleur québécois Dumont Vins et Spiritueux à une entreprise ontarienne, alors que la SAQ n'a entamé aucune démarche pour se porter acquéreur. Outre ses compétiteurs, la SAQ devrait pouvoir acheter des entreprises étrangères et des distillateurs.

Une autre occasion manquée : lors de la faillite de Melcher, un distillateur du Québec, la SAQ était intéressée à acheter les actifs de l'entreprise, dont l'usine de distillation qui était une des plus modernes à l'époque. Les autres distillateurs, se sentant menacés dans leur oligopole tranquille, ont fait pression sur le gouvernement pour faire reculer la SAQ et se sont finalement portés acquéreurs de l'usine. Cinq ans après la transaction, les distillateurs ont conservé trois marques de commerce et ont tout simplement fermé l'usine. La fabrication et l'embouteillage de boissons fortes aurait pu être un créneau intéressant pour la SAQ et l'achat par cette dernière de l'usine de Melcher aurait garanti son exploitation à long terme.

La SAQ pourrait également étudier d'autres avenues, telles l'embouteillage de liquides non alcoolisés comme l'eau de source et les jus de fruit. On le voit, ce ne sont pas les occasions qui manquent pour utiliser le plein potentiel de l'usine d'embouteillage. Il suffit de laisser les coudées franches à la SAQ, notamment en modifiant la législation pour la soustraire à la tutelle du gouvernement.

Incertitude liée à une privatisation éventuelle

Outre les nombreuses occasions perdues, la privatisation éventuelle de l'usine d'embouteillage pèse, telle une épée de Damoclès, sur la tête de la SAQ. Il est bien évident que plusieurs partenaires éventuels sont réticents à signer des contrats à long terme avec la SAQ tant que son statut futur ne sera pas connu. La SAQ perd des contrats en raison de l'incertitude constamment entretenue par le gouvernement. Il ne serait pas étonnant par ailleurs que la SAQ, actuellement en négociation avec Air Canada pour un contrat d'embouteillage de 100 000 caisses annuellement, perde ledit contrat en raison du débat actuel sur son rôle futur.

La grève des employés survenue en 1991 a eu un impact négatif sur la production de l'usine, mais cet impact a été de bien courte durée puisque la production a connu une hausse dès l'année suivante. Les rumeurs de privatisation de l'usine et son annonce officielle par le gouvernement du Québec en 1993 ont eu un impact bien plus important ; au cours des années 1993 et 1994, la production a chuté de 11,8 % et de 19,8 % respectivement. La diminution de la production s'est poursuivie par la suite de manière plus timide et l'usine de la SAQ va connaître l'an prochain une première hausse de production depuis la tentative de privatisation de 1993. Une nouvelle tentative de privatisation aurait toutefois un effet néfaste sur les activités de l'usine.

Le gouvernement pourrait lever l'incertitude entourant l'usine d'embouteillage en affirmant une fois pour toutes qu'il n'est pas question de la privatiser. L'assurance du maintien de l'intégrité de la SAQ aurait un impact des plus bénéfiques sur ses activités d'embouteillage.

À propos du dynamisme du secteur privé

Certains pourraient argumenter que le secteur privé devrait prendre le relais de la SAQ dans l'embouteillage, puisqu'il est plus efficace que l'entreprise d'État pour ce type d'activité. Pour vérifier ou infirmer ces dires, voyons quelles ont été les réalisations de l'industrie québécoise du vin.

Mentionnons en premier lieu que l'industrie privée du vin au Québec a été créée de toutes pièces par les politiques bienveillantes du gouvernement. Suite à la permission accordée par le gouvernement aux producteurs québécois de vendre des marques privées dans les dépanneurs et épiceries, ceux-ci ont bénéficié d'une clause d'exception aux accords du GATT pour les protéger de la concurrence étrangère; il faut en effet embouteiller au Québec pour pouvoir vendre dans les dépanneurs et épiceries de la province. Les embouteilleurs québécois ont également bénéficié d'une sous-utilisation de l'usine de la SAQ suite aux entraves gouvernementales visant à ne pas concurrencer trop fortement le secteur privé avec la société d'État. Finalement, nous verrons dans cette section que les normes de qualité sont moins sévères pour le vin élaboré par le privé que pour les produits de la SAQ.

Quels ont été les résultats de ces politiques bienveillantes ? Après une période d'expansion fort modeste, l'industrie du vin s'est mise à péricliter à compter de 1988-1989. Le nombre d'entreprises a chuté de moitié entre 1986 et 1994 et l'industrie n'emploie plus que 304 personnes en 1994[24], contre 360 en 1989,

---

24 Dernière année recensée par Statistique Canada.

soit une diminution de 15,6 %. De 1994 à 1996, le nombre d'entreprises a encore diminué, passant de 6 à 4, et le nombre d'emplois a légèrement augmenté à 330 emplois, sans toutefois atteindre le niveau de 1989. Finalement, les ventes et la valeur ajoutée de l'industrie en dollars constants ont connu une baisse par rapport à 1988 de respectivement 26,5 % et 35,1 %.

Malgré toutes les politiques bienveillantes du gouvernement québécois, l'industrie vivote et se montre incapable de prendre réellement de l'expansion. La meilleure politique reste donc de développer l'industrie à l'intérieur de la SAQ, en lui donnant tous les outils nécessaires, soit la possibilité d'emprunter et d'investir, et d'utiliser le plein potentiel de son usine.

Comme seulement 159 emplois sont liés à la production dans l'industrie privée du vin, la SAQ pourrait, avec son usine d'embouteillage, prendre facilement de l'expansion sans nuire à l'emploi au Québec. De toute façon, les emplois gagnés par une activité accrue à la SAQ remplaceraient les emplois possiblement perdus dans le secteur privé.

L'industrie québécoise des négociants en vin et d'embouteillage compte 330 employés (les emplois comprennent des emplois non liés à l'embouteillage). Or, 37 % des emplois se retrouvent chez Vincor, une entreprise ontarienne, qui occupe 51,1 % du marché québécois privé du vin. Avec Andrès, qui est également une entreprise ontarienne, c'est 65 % du secteur privé du vin qui est accaparé par des entreprises étrangères. Le caractère ontarien de ces deux entreprises est d'autant plus frappant qu'aucun siège de leur conseil d'administration n'est alloué à un administrateur francophone, malgré leurs opérations importantes au Québec.

Vincor a connu une expansion au cours de la dernière année en achetant un important embouteilleur québécois. En 1996, en effet, Vincor s'est porté acquéreur de Dumont Vins et Spiritueux pour la somme de 16 millions de dollars. Suite à cette dernière transaction, Vincor a doublé sa part de marché au Québec pour le vin[25].

---

25 Vincor International, *Rapport annuel 1997.*

Cette acquisition de Dumont par Vincor soulève deux questions. On peut, en premier lieu, se questionner sur l'à-propos de persister à aider une industrie en déclin qui passe sous la coupe d'entreprises étrangères. En deuxième lieu, on peut se demander pourquoi la SAQ ne s'est pas portée acquéreur d'autres embouteilleurs et, en particulier, de Dumont pour accroître sa part de marché et la rentabilité de son usine d'embouteillage.

Suite à l'acquisition de Dumont, Vincor a pu accroître la production à son usine de Rougemont de 950 000 caisses à deux millions de caisses. Si l'entreprise avait été acquise par la SAQ, celle-ci aurait vraisemblablement pu accroître sa production du nombre de caisses produit à ce moment par Dumont, soit 803 600 caisses[26], et utiliser ainsi la capacité de son usine à environ 38 %. En supposant une marge bénéficiaire par caisse constante, l'usine d'embouteillage de la SAQ aurait ainsi réalisé des profits annuels additionnels de 4,3 millions de dollars. Mystérieusement, la SAQ semble n'avoir entrepris aucune démarche pour acquérir Dumont ou tout autre embouteilleur de vin.

Qualité des vins embouteillés par le secteur privé

La SAQ est reconnue pour appliquer de hauts standards de qualité pour ses produits et mettre en place des contrôles rigoureux à cet effet. Qu'en est-il du secteur privé ? Le rapport du Vérificateur général du Québec[27] est sur ce point catégorique :

« *En l'absence de normes de fabrication précises, nous avons relevé des pratiques douteuses qui font en sorte que certains vins élaborés au Québec par des fabricants ne répondent pas aux normes généralement admises à l'échelle internationale pour être désignées comme étant du vin.* »

---

26 Martin Vallières, *loc. cit.*
27 Vérificateur général du Québec, *Rapport du Vérificateur général à l'Assemblée nationale pour l'année 1993-1994.*

Le Vérificateur général a recensé comme « pratiques douteuses » les faits suivants :

- On ajoute de l'eau à certains vins pour baisser le taux d'alcool et/ou augmenter le volume de vin produit. Pourtant, l'une des méthodes reconnues est l'osmose inverse, c'est-à-dire que l'alcool peut être retiré d'un produit par ce procédé. Cette méthode est évidemment plus coûteuse que celle d'ajouter de l'eau au vin et, de plus, elle n'augmente pas le volume de vin.

- Un fabricant met sur le marché un vin rosé simplement élaboré à partir d'un mélange de vin rouge et de vin blanc, alors que le rosé devrait être fait selon une méthode utilisant des raisins rouges.

- Il est de pratique courante que le volume d'eau utilisé pour reconstituer le concentré de raisins, qui fera l'objet de la fermentation, soit supérieur au volume d'eau enlevé au moment de sa concentration. Le vin peut ainsi être « allongé » jusqu'à 35 p. cent de son volume. Aussi de l'alcool est-il parfois ajouté à des moûts de raisins qui ne fermentent plus.

- Un vin doit contenir au moins 8,5 % en volume d'alcool selon les normes généralement reconnues. (...) Au Québec, une quinzaine de vins élaborés ont un volume d'alcool qui se situe entre 6 % et 8,5 %.

Selon le Vérificateur général, le ministère de l'Industrie et du Commerce avait bien un projet de réglementation pour ajuster la qualité des vins québécois aux standards internationaux, mais ce projet a été bloqué par le lobbying des fabricants de vin. Ceux-ci évaluaient que 40 % à 50 % de leurs 113 produits ne pourraient être vendus dans l'éventualité où le règlement serait adopté. De 1991 à 1995, la Régie des alcools a proposé au moins cinq projets de règlements au gouvernement du Québec, projets qui sont demeurés sur les tablettes en raison du lobbying des fabricants.

Le président de l'Association des manufacturiers du Québec, M. Gérald Ponton, a bien rendu compte de l'allergie atavique des manufacturiers à toute forme de réglementation, même dans une industrie aussi particulière que celle du vin, en déclarant souhaiter que le gouvernement n'utilise pas le rapport du Vérificateur pour sur-réglementer une industrie déjà très réglementée[28]. M. Ponton s'est également dit renversé des déclarations du Vérificateur, puisqu'elles allaient causer selon lui un tort énorme aux fabricants de vin. Les propos de M. Ponton laissent songeur; l'industrie du vin oserait-elle se plaindre que l'on exige d'eux une qualité qui rejoint les normes internationales?

La population du Québec, en aidant l'industrie privée du vin de multiples manières, serait en droit de s'attendre à ce que cette industrie puisse éventuellement s'attaquer aux marchés internationaux pour favoriser le maximum de retombées économiques au Québec. Malheureusement, les réticences des fabricants à s'ajuster aux normes internationales garantissent que les embouteilleurs québécois se limiteront au marché local. De plus, certains fournisseurs étrangers, de l'aveu du Vérificateur, pourraient décider de ne plus autoriser l'importation de vin en vrac au Québec en raison du peu de contrôle exercé sur l'authenticité des vins portant leur marque de commerce.

La Régie a travaillé à la préparation d'un nouveau règlement sur la tenue des livres et registres que les détenteurs de permis devraient mettre à sa disposition. Sa proposition formulée en 1991 n'a pas été approuvée par le ministère de l'Industrie et du Commerce sous prétexte qu'elle imposerait une trop grande contrainte à l'industrie québécoise.

Comme le souligne le Vérificateur général, un tel laxisme amène les producteurs privés à concurrencer injustement la SAQ:

« L'absence de normes précises pour la fabrication des vins élaborés au Québec oblige la Société des alcools du Québec à

---

28 Lise Lachance, « Qualité du vin québécois: l'industrie fustige les commentaires du Vérificateur », *Le Soleil*, 16 décembre 1994.

appliquer la règle de " deux poids, deux mesures " dans sa politique de mise en marché. En effet, ses fournisseurs étrangers doivent respecter les dénominations, les caractéristiques et les normes d'élaboration des vins en vigueur dans leur pays et acceptées à l'échelle internationale. Par contre, la Société ne peut exiger que les fabricants québécois de vin se conforment aux mêmes normes que les fournisseurs étrangers, puisque la réglementation québécoise permet des écarts importants par rapport à celles-ci. »

Le gouvernement devrait au contraire exiger du secteur privé les mêmes normes de qualité qu'applique la SAQ et mettre en place des contrôles adéquats pour faire respecter ces normes.

Perception des taxes par les gouvernements

La qualité déficiente n'est pas le seul point faible du secteur privé. L'évasion fiscale et la vente illégale de vin sont d'autres problèmes engendrés par la production privée de vin. À cet effet, il est pertinent de relever les scandales qui ont été rapportés par le journal *La Presse* au cours des années 1987 et 1988 :

• Durant la seule année 86-87, Les vins Corelli a importé illégalement au Québec près de deux millions de litres de vin en provenance d'Espagne et d'Italie, en le faisant passer pour du jus de raisin[29]. Corelli s'est immédiatement remis à l'oeuvre en changeant son itinéraire et en utilisant, cette fois-ci, le port de New York pour passer le vin en fraude au poste frontalier de Lacolle. Cette pratique aurait fait perdre plus d'un million de dollars en frais de douane aux gouvernements pour ce seul fabricant[30].

---

29 Yves Boisvert, « Corelli a transformé miraculeusement deux millions de litres de vin en jus de raisin », *La Presse*, 3 novembre 1988.
30 André Cédilot, « Les activités d'un réseau de vente illégale de vin auraient coûté $20 millions l'an dernier à la SAQ », *La Presse*, 24 octobre 1987.

- De 1985 à 1987, la police de la CUM et la Sûreté du Québec ont enquêté sur des fabricants québécois qui écoulaient des stocks de vin sur le marché noir, en vendant directement à des dépanneurs, des restaurants et des traiteurs sans passer par la SAQ. Selon les corps policiers, ces pratiques auraient fait perdre de 60 à 70 millions de dollars de revenus à la SAQ, soit environ 45 millions de dollars en profits et taxes pour les gouvernements, alors que les fabricants ont réalisé des profits additionnels d'environ 15 millions de dollars[31].

- Des fabricants ont utilisé des autorisations de la Régie des permis d'alcool permettant d'offrir gratuitement des bouteilles de vin lors de banquets ou de promotions pour écouler plusieurs de ces bouteilles sur le marché noir[32].

- Des fabricants ont falsifié des attestations de la Régie des permis d'alcool et ont utilisé illégalement des caisses portant le sceau de la SAQ[33].

- Les vins Corelli a vendu illégalement de son vin directement à un traiteur de Montréal-Nord et à un commerce de Montréal, sans passer par la SAQ[34] et ne s'est pas conformé pendant plusieurs années aux exigences du ministère de l'Industrie et du Commerce concernant la tenue des registres[35].

Le Vérificateur général signalait également dans son rapport que le vin vendu en vrac dans les restaurants était une source possible d'évasion fiscale, parce qu'il est souvent impossible de déterminer la provenance du vin[36]. Toujours selon le Vérificateur, les

---

31 André Cédilot, 24 octobre 1987, *loc.cit.*
32 André Cédilot, 24 octobre 1987, *loc.cit.*
33 André Cédilot, 24 octobre 1987, *loc.cit.*
34 André Cédilot, « Les vins Corelli : le jugement sera rendu le 16 novembre prochain », *La Presse*, 23 octobre 1987.
35 Yves Boisvert, *loc.cit.*
36 Gilles Boivin, « Amateurs, ce n'est pas nécessairement du vin que vous buvez ! », *Le Soleil*, 14 décembre 1994.

manques de contrôle sur les vins embouteillés au Québec par le secteur privé aggraveraient l'état des finances publiques puisque ces carences favoriseraient l'évasion fiscale[37]. Le Vérificateur note en particulier que « l'absence de suivi complet des arrivages et des ventes de boissons alcooliques au Québec et hors Québec peut se traduire par un accroissement du marché illégal et par des pertes de revenus de taxes pour le gouvernement ».

Plutôt que de contrôler l'industrie du vin, ce qui occasionne des coûts et qui n'est jamais efficace à 100 %, ne serait-il pas plus simple d'accroître la part de marché de la SAQ dans ce secteur ?

Usine d'embouteillage : ne pas répéter l'erreur des autres

Dans le dossier de l'usine d'embouteillage de la SAQ, le gouvernement pourrait s'inspirer de ce qui s'est passé en Ontario pour éviter de refaire les mêmes erreurs. L'OLCB, l'équivalent ontarien de la SAQ, avait elle aussi sa propre usine d'embouteillage, qui embouteillait principalement des alcools forts. Ces installations ne faisaient pas l'affaire des distillateurs qui y voyaient une concurrence gênante. Le gouvernement a donné suite aux pressions du lobby des distillateurs et a décidé de démanteler l'usine, qui employait 60 travailleurs en septembre 1996.

Pourtant, l'usine d'embouteillage de l'OLCB était rentable ; tellement rentable que l'OLBEU, le syndicat des employés de l'OLCB, a offert au gouvernement de lui acheter l'usine plutôt que de la fermer. Le gouvernement et l'OLCB n'ont même pas voulu discuter avec le syndicat pour tenter d'arriver à une entente. N'importe quelle entreprise commerciale essaierait de vendre ses actifs pour limiter ses pertes plutôt que d'opter pour le démantèlement, surtout si un acheteur sérieux se présente. Dans le cas de l'OLCB, cependant, la décision était politique et n'avait rien à voir avec la rationalité économique.

---

37 Gilles Normand, « Certains vins ne répondent pas aux normes », *La Presse*, 14 décembre 1994.

Suite à cette décision, l'OLCB a cessé d'embouteiller des marques qui étaient par ailleurs de très bons vendeurs. Comme il existe toujours une forte demande pour certaines de ces marques, l'OLCB se cherche maintenant des embouteilleurs privés pour les embouteiller et pouvoir continuer à les vendre sur le marché.

L'usine d'embouteillage de la SAQ cadre bien avec ses autres activités. La SAQ, qui est à la fois le plus important fournisseur et le plus important client de l'usine, réalise d'importantes économies grâce à l'intégration verticale de ses activités. Plusieurs marques maison de la SAQ sont de véritables succès commerciaux; citons à l'appui le vin Harfang des neiges, qui représente une mine d'or pour la société. Ces marques seraient cédées à l'éventuel acheteur advenant une vente de l'usine.

La SAQ perdrait, avec la vente de l'usine d'embouteillage, les économies liées à l'intégration des activités, les profits gagnés grâce à l'embouteillage du vin et à la commercialisation des marques maison et ne pourrait lancer sur le marché de nouvelles marques qu'avec difficulté. Il faudrait à toutes fins pratiques dire adieu à la commercialisation des produits du terroir. La vente de l'usine d'embouteillage de la SAQ va d'ailleurs à l'encontre d'une recommandation formelle faite en 1971 par la Commission d'enquête sur le commerce des boissons alcooliques, présidée par le juge Lucien Thinel qui affirmait que : « La Société des alcools devrait continuer l'embouteillage des produits en vrac et surtout, adopter à leur égard des méthodes modernes et dynamiques d'embouteillage, de publicité et de mise en marché. (...) Nous recommandons que la SAQ annonce les produits qu'elle embouteille et les mette en évidence dans ses magasins. Rien de plus naturel et de plus logique. C'est ce que font les magasins d'alimentation à l'endroit des produits qu'ils commercialisent sous leurs marques. Pourquoi les choses seraient-elles différentes dans le cas des alcools ? »

Pour améliorer la qualité des produits embouteillés, pour limiter la contrebande et la vente illégale d'alcool, pour assurer le contrôle québécois de l'industrie et pour mettre en valeur les actifs de la SAQ, le gouvernement devrait laisser à cette dernière toute la latitude de développer ses activités d'embouteillage.

Pour le maintien du monopole étatique de la SAQ

La SAQ a démontré au cours des dernières années qu'elle pouvait exercer un contrôle strict sur ses dépenses d'exploitation et qu'elle était capable d'innover. Il n'y a donc aucun motif de ce côté à modifier l'organisation du secteur des boissons alcooliques.

En fait, la SAQ contribue de manière importante aux revenus de l'État québécois. Comme les profits élevés disparaîtraient advenant la privatisation et la libéralisation de la vente d'alcool, l'État ne retirerait qu'un montant symbolique de la vente de sa société d'État en comparaison avec les revenus actuellement réalisés.

La privatisation de la SAQ ne créerait au Québec aucune richesse nouvelle. On ne ferait que déplacer la richesse collective dans les mains et dans les poches de petits patronneux opportunistes et bien connectés politiquement au détriment des travailleurs, des consommateurs, de l'État et de la population. On remplacerait un monopole d'État par un oligopole privé qui empocherait les centaines de millions de profit réalisés actuellement par la SAQ. Et qui nous dit que la privatisation de la SAQ ne se ferait pas, en partie du moins, au profit de firmes étrangères qui font le gros de leurs affaires ailleurs comme les compagnies John Labatt, Molson, Seagram, Bright, Oshawa, Allied Lyon, etc. ?

Aucun argument servi à ce jour ne justifie une privatisation partielle ou complète de la SAQ. Nous croyons avoir démontré que la SAQ est une entreprise bien gérée et qui procure des retombées socio-économiques énormes pour les consommateurs, les employés, l'État et la collectivité toute entière. La privatisation de la

SAQ n'aurait pour gagnants que les petits aventuriers opportunistes dont le but premier est de faire beaucoup d'argent sans trop de risques.

Usine d'embouteillage

Rien ne justifie non plus une privatisation de l'usine d'embouteillage de la SAQ. L'usine d'embouteillage est rentable et pourrait l'être davantage si l'on permettait à la SAQ de se développer. Le maintien de l'usine d'embouteillage au sein de la SAQ est le meilleur moyen de mettre cet actif en valeur.

Le secteur privé s'est montré incapable d'atteindre des standards élevés de qualité, contrairement à la SAQ. Pour le consommateur québécois, le meilleur gage de qualité reste que les produits embouteillés au Québec le soient par la SAQ. De plus, l'embouteillage par le secteur privé occasionne pour le gouvernement des pertes de revenus fiscaux et des coûts liés au contrôle des ventes illégales. En effet, le secteur privé s'est également montré peu disposé par le passé à agir de concert avec le gouvernement pour limiter ces pertes.

Malgré des mesures favorables à l'industrie privée québécoise, celle-ci s'est montrée incapable de prendre une réelle expansion et de faire face aux entreprises étrangères. L'usine d'embouteillage, au contraire, est une porte d'entrée sur les marchés internationaux pour l'importation de vin en vrac et pour l'exportation de produits du terroir.

Élargissement des activités de la SAQ

Des limites importantes imposées à la SAQ par la Loi sur la Société des alcools du Québec entravent son développement. Des occasions d'affaires intéressantes sont manquées par la SAQ en raison de ces contraintes. D'autres occasions sont également perdues parce que la SAQ n'agit pas à titre d'agent promotionnel.

La SAQ devrait pouvoir réinvestir une partie importante de ses bénéfices, au lieu de les verser en totalité en dividendes comme elle le fait maintenant. Si le gouvernement du Québec comptabilisait dans ses comptes publics le bénéfice de la SAQ et non son dividende, méthode qu'il adopte pour Hydro-Québec et Loto-Québec, l'impact sur les recettes fiscales et le déficit serait nul.

La SAQ, le gouvernement du Québec, les consommateurs et chacun des Québécois réaliseraient plus de bénéfices et de dividendes à l'aide de leur société d'État si on éliminait certains intermédiaires, comme les agents importateurs accrédités de vins et de spiritueux et la dizaine de producteurs de vin québécois. La SAQ a les structures et la taille voulues pour facilement importer elle-même tous les vins et spiritueux qu'elle commercialise, et produire elle-même tous les vins qu'elle se voit obligée d'acheter des producteurs québécois.

Pour le mieux-être de tous, nous croyons qu'il faut préserver l'intégralité des opérations de la SAQ. Et s'il faut absolument, en ces temps difficiles, accroître les revenus gouvernementaux, la nationalisation par la SAQ de certaines opérations du privé renforcerait le monopole de la société d'État et augmenterait substantiellement sa rentabilité tout en réduisant les prix de vente, pour le plus grand bénéfice des contribuables et de l'État québécois, qui empocheraient plus de dividendes, et des consommateurs, qui paieraient moins cher leur bouteille.

Stationnement à Montréal

Des parcomètres comme des champignons

Léo-Paul Lauzon, Martin Poirier et François Patenaude

Article paru dans *l'aut' journal*, n° 154, novembre 1996.

P eu après avoir été élu, le maire de Montréal Pierre Bourque annonçait l'intention de son administration de passer des « ententes de partenariat » avec le secteur privé pour la gestion de plus d'une cinquantaine de services de la municipalité. Une étude de la Chaire d'études socio-économiques sur la première expérience de « partenariat » de la Ville, la gestion des stationnements et des parcomètres, est riche d'enseignements.

Depuis plusieurs années, la Chambre de commerce de Montréal lorgnait la gestion des activités de stationnement à Montréal avant de se les voir octroyées le 1er juillet 1994, après maintes péripéties.

Avant de céder une activité aussi lucrative, la Ville se devait de faire faire une étude. Celle-ci, effectuée par la firme Stratem, au coût de 50 000 $, concluait que la cession au privé était la pire des solutions, pire même que le *statu quo*, et prônait plutôt la création d'une société paramunicipale. Une conclusion, on s'en doute, qui n'allait pas plaire à la Chambre de commerce.

Cette dernière exerça donc des pressions sur l'administration municipale pour obtenir une nouvelle étude. Pour éviter un impair, la Ville confia à la Chambre de commerce elle-même le soin de choisir la firme de consultants. GTM Développement et Service, une filiale de la Lyonnaise des eaux, y alla d'une étude qui, ô surprise, recommandait de confier la gestion des parcomètres à la Chambre de commerce ! Coût de la nouvelle étude : 300 000 $.

La Chambre de commerce était presque en affaires ! Elle créa une filiale, Stationnement de Montréal (SDM), pour gérer la concession, d'une durée de trente ans, mais il lui fallait encore trouver les 76,8 millions de dollars pour l'achat de la concession et, si possible, sans débourser un sou ! La Chambre de commerce se tourna vers la Ville pour qu'elle garantisse à la banque un emprunt de 56,8 millions et lui prête un autre 20 millions.

Une redevance famélique

En principe, en échange de la concession, SDM verse à la Ville une redevance annuelle de 11 millions de dollars. Mais celle-ci mérite d'être décortiquée. Elle comprend les taxes, droits et loyers que SDM verse à la Ville. Sont également déduits les intérêts sur le prêt de 20 millions, de même que les intérêts « évités » à la Ville. On suppose, en effet, que la Ville a réduit son endettement de 56,8 millions à même le montant reçu lors de la vente et qu'elle s'évite ainsi des intérêts de 4,8 millions.

Partage des profits

Les profits ne sont pas versés en totalité à la Ville. Une redevance annuelle de 400 000 $, inexplicable et totalement injustifiable, est versée à la Chambre de commerce. Puis, selon les années, de 20 à 40 % des profits sont versés à un Fonds de développement économique administré par la Chambre de commerce. Au cours de sa première année d'existence, ce fonds a financé quatre projets, totalisant 300 000 $, dont un de 150 000 $ présenté par... la Chambre de commerce !!!

Des hausses de tarifs et des frais d'exploitation

Pour augmenter ses revenus, SDM a bêtement profité de sa situation de monopole pour augmenter le nombre de parcomètres et hausser les tarifs. En 1995 et 1996, plus de 1 000 parcomètres par année sont apparus sur les trottoirs de Montréal, soit 4,3 fois la cadence des dix années précédentes. Quant au tarif horaire moyen, il a fait un bond de 85,5 % ! Avec la privatisation, de nouveaux frais de gestion sont apparus. Un pdg a été nommé, un conseil d'administration a été créé. Le pdg touche un salaire de 136 000 $ qui s'ajoute à sa pension annuelle de retraité de la Ville de 100 000 $. La présidente du conseil d'administration, Mme Nicole Forget reçoit 36 000 $ par année pour participer à une dizaine de réunions et les autres membres touchent 225 $ pour chaque réunion à laquelle ils assistent, plus un montant de base de 3 000 $ par année. S'ajoute à cela une série de hors-d'oeuvre, tels une assurance-responsabilité de 7 000 $ (au cas où nos administrateurs prendraient de mauvaises décisions), 5 000 $ pour les goûters, 77 000 $ pour les frais de déplacement, 110 000 $ pour la publicité, 100 000 $ pour des études de marché, 25 000 $ pour le déménagement dans des locaux plus luxueux et 5 000 $ pour l'entretien des plantes !

Le jeu des filiales

En 1995, SDM créait une nouvelle filiale Stationnement & Technologie Montréal, pour développer et commercialiser une distributrice de billets de stationnement, qui permet de percevoir l'argent des usagers des terrains de stationnement sans utiliser de personnel. Les dirigeants pourront faire des voyages, embaucher du personnel, engager des dépenses de publicité et de promotion en les imputant à Stationnement de Montréal, puisque le contrôle de ces dépenses est inexistant. Au total, la privatisation coûte 1,4 million $ en frais additionnels, dont près d'un million va directement à la Chambre de commerce ou au Fonds de développement qu'elle administre. Cela sans compter la perte de la plus-value sur les terrains et les équipements.

Une occasion ratée

En 1996, l'entente a dû être renégociée parce que Stationnement de Montréal était en défaut de paiement. La Ville aurait pu alors en profiter pour mettre fin à la concession et reprendre l'activité du stationnement. Mais, au contraire, on a bonifié l'entente d'un montant d'environ 2 millions de dollars annuellement à l'avantage de la Chambre de commerce, en plus de permettre à cette dernière d'allonger l'entente de dix années supplémentaires. On comprend pourquoi SDM tient tant à garder secrets ses états financiers.

l'aut' journal, n° 154, novembre 1996.

Services alimentaires

Le privé met le pied dans la porte des hôpitaux

Léo-Paul Lauzon et Martin Poirier

Article paru dans *l'aut' journal*, nº 137, 15 mai 1995.

L e coût d'un jour-repas dans un centre hospitalier est supérieur de 2,25 $ ou 10,5 % dans un service alimentaire privatisé à celui en vigueur dans un service géré par l'État. C'est ce que démontre une analyse socio-économique qui compare 5 services alimentaires de centres hospitaliers déjà privatisés à 23 autres services de taille comparable gérés par l'établissement. De plus, la privatisation se fait au profit de firmes étrangères, principalement américaines, et contribue à l'exode des capitaux. Enfin, l'étude contredit le rapport de la firme Price Waterhouse, commandé par l'ex-gouvernement libéral et rendu public en janvier 1995, qui encourageait le partenariat entre les secteurs privé et public sans pourtant faire la démonstration de la rentabilité de cette option.

Les services alimentaires constituent une dépense d'exploitation importante pour le réseau hospitalier québécois. Au cours des deux années précédentes, les dépenses engagées à ce chapitre ont été de l'ordre de 600 millions de dollars annuellement, ce qui représente environ 5 % des dépenses de l'ensemble du réseau hospitalier.

Près de 20 000 personnes sont employées dans les services alimentaires, soit 12 000 à temps plein et 8 000 à temps partiel, produisant chaque année près de 100 millions de repas, qui sont servis dans plus de 500 établissements de soins de santé. Plus de 90 % des dépenses des services alimentaires sont engagées pour les bénéficiaires, la balance représentant les dépenses des cafétérias pour les non-bénéficiaires, soit les employés des établissements et les visiteurs (bénéficiaires des cliniques externes, proches des bénéficiaires devant demeurer à l'établissement plusieurs heures, etc).

Les services alimentaires des établissements de santé se distinguent d'un service d'hôtellerie normal par leurs objectifs thérapeutiques. Les repas servis visent, comme tout autre soin prodigué aux bénéficiaires, à aider au rétablissement et à prévenir d'autres problèmes de santé, d'où les coûts additionnels liés à la nutrition clinique. De ce fait, il y a une limite à la réduction tous azimuts des coûts des repas.

Le coût jour-repas (ou coût unitaire) tient compte de la production des repas, de leur distribution aux bénéficiaires et des coûts liés aux diètes thérapeutiques. Le coût unitaire total peut être divisé en trois composantes : le coût unitaire de la main-d'œuvre, le coût unitaire des services achetés (mets déjà préparés, honoraires de gestion de firmes privées) et le coût unitaire des fournitures (aliments non préparés).

Profits, salaires exhorbitants et coûts supplémentaires

Notre analyse, qui compare les six établissements qui ont confié la gestion de leurs services alimentaires à une entreprise privée à un échantillon de 214 établissements, soit environ 43 % des services alimentaires d'établissements de soins de santé, démontre que le coût unitaire est supérieur en moyenne de 2,25 $.

Dans le cas de ces établissements, la hausse de 3,26 $ des services achetés par jour-repas n'est pas compensée par une baisse significative des coûts de main-d'œuvre et de fournitures. L'écart entre le public et le privé peut s'expliquer par le profit qu'exige le secteur privé pour la gestion du service alimentaire. Ce profit doit nécessairement être inclus aux frais de gestion facturés à l'établissement ou aux prix chargés aux bénéficiaires.

Il faut également tenir compte des salaires versés aux administrateurs et aux dirigeants qui sont substantiellement plus élevés dans le privé. Il n'est pas rare de voir le traitement annuel d'un haut dirigeant du secteur privé, compte tenu des options d'achat d'actions et autres rémunérations indirectes, dépasser le million de dollars. Ces salaires exorbitants se retrouvent inévitablement dans les honoraires de gestion et autres frais facturés aux établissements.

D'autres coûts doivent aussi être considérés. Mentionnons les coûts liés à la négociation et à la rédaction des contrats, ceux liés à l'inspection et au respect des normes, etc. Pour maintenir leur niveau de profitabilité, les firmes privées doivent nécessairement refiler leur part de ces nouveaux coûts aux établissements de santé et aux bénéficiaires.

Avec la privatisatiion, une perte de contrôle sur les coûts

L'expérience de la privatisation des services alimentaires, en particulier celle de l'Hôpital La Providence de Magog, montre bien que la privatisation de la gestion ou de la production amène généralement une hausse des coûts à plusieurs niveaux.

L'établissement doit en effet couvrir les frais d'opération et le profit de la firme privée et perd le contrôle sur ses frais d'exploitation, dont le coût des fournitures, sans parler de la perte de contrôle sur la qualité des repas servis, ce qui peut aussi causer un sérieux problème lorsque le principal objectif de la firme privée est la maximisation des profits.

Lorsque la firme privée qui administre le service alimentaire est aussi le fournisseur de ce service, une hausse graduelle des prix est presque inévitable. De plus, l'entrepreneur privé aura intérêt à ne pas trop s'inquiéter d'une utilisation inefficace de ces fournitures, puisqu'une telle situation lui permet de vendre davantage ses propres produits.

Finalement, il arrive souvent que la privatisation de la production amène une dépendance de l'établissement envers l'entreprise privée. Celle-ci se retrouve alors en position de force pour augmenter ses prix lors de la renégociation du contrat. Il peut s'avérer moins coûteux à court terme pour un établissement d'accepter les conditions de l'entreprise privée plutôt que de réembaucher du personnel et de racheter de l'équipement pour récupérer le service. Il faut donc faire attention aux entreprises qui offrent des termes alléchants pour un premier contrat, dans l'espoir de réaliser d'importants profits plus tard, lorsque le contrat vient à terme et qu'il faut le renégocier.

Un des arguments fréquemment utilisés pour justifier le recours au secteur privé est l'expertise qu'ont les firmes privées dans ce domaine, contrairement aux administrateurs des hôpitaux. Cet argument relève davantage du cliché et de la démagogie que de fondements objectifs. En effet, les établissements de soins de santé ont une longue expérience dans la gestion des services alimentaires. De plus, absolument rien ne les empêche d'engager eux-mêmes des cadres compétents ayant une solide expérience dans l'industrie de l'alimentation, sans passer pour autant par une firme privée. Les établissements publics peuvent faire aussi bien et souvent mieux que le privé.

Price Waterhouse : une étude bidon de 200 000 $

Dans la foulée de la loi 198 visant à réduire de 12 % les effectifs du secteur public, l'ex-gouvernement libéral confiait en 1993 à la firme Price Waterhouse le mandat d'étudier les rationalisations possibles dans les services alimentaires du réseau soci-sanitaire. Dans son étude, réalisée au coût de 200 000 $, la firme Price Waterhouse vante en long et en large les nombreux mérites du secteur privé et, comme il fallait s'y attendre, propose une « diminution progressive de l'implication de l'État québécois dans les services alimentaires ».

Malheureusement, il nous est difficile de corroborer ou de contester les chiffres de Price Waterhouse sur le secteur privé, puisque ceux-ci brillent par leur absence ! De nombreuses réalisations de firmes privées sont citées en exemple, sans qu'aucune de ces firmes ne soit nommée et sans qu'aucune donnée ne soit fournie !

Les rares données quantitatives sur les économies potentielles réalisables proviennent d'une entreprise privée, Marrack Watts inc., consultante en services alimentaires. Le rapport de la firme Price Waterhouse n'explique pas pourquoi elle a dû avoir recours aux services de Marrack Watts, alors qu'elle disposait déjà de l'expertise de la firme de consultation Savoie et Associés.

Ce rapport ne précise pas non plus comment ces estimations, par ailleurs très détaillées, ont été obtenues, ni sur quelles bases nous pouvons nous y fier, se contentant de reproduire les données d'une compagnie qui a tout à gagner d'une éventuelle privatisation des services alimentaires. Cette sérieuse lacune méthodologique apporte peu de crédibilité à l'argumentation de Price Waterhouse.

Quelle concurrence ?

Le rapport de Price Waterhouse ne se contente pas seulement de vanter les mérites du secteur privé, mais aussi les bienfaits et les vertus d'une saine concurrence. Price Waterhouse affirme que la compétition permet une meilleure efficacité, encourage l'innovation et mobilise davantage les employés.

Mais regardons les choses d'un peu plus près. Sur sept établissements qui ont recours aux services d'une firme privée, quatre contrats ont été alloués à Sodexho. Si on tient compte de l'Hôpital La Providence de Magog, qui faisait aussi affaire avec Sodexho avant de reprendre la gestion de son service alimentaire, c'est cinq hôpitaux sur huit, soit 62,5 % des établissements, qui ont choisi cette firme. Est-ce là la « saine compétition » dont parle la firme Price Waterhouse ?! Face à une telle mainmise d'une seule firme, américaine de surcroît, nous pouvons questionner le bien-fondé de remplacer un monopole public par un oligopole privé contrôlé exclusivement par des étrangers. Les profits empochés au Québec au détriment du système de santé public sont expatriés à l'étranger ! Un bel exemple de distribution équitable de la richesse !

Charité bien ordonnée...

Enfin, pour compléter le portrait, la firme Price Waterhouse ne s'oublie pas lorsqu'elle émet ses recommandations. « Le Ministère, recommande-t-elle, doit créer un fonds de un million de dollars permettant aux établissements d'obtenir le financement pour la réalisation des études de révision opérationnelle. (...) Les régies régionales doivent mettre à la disposition des établissements une expertise externe ayant la capacité de porter un jugement sur la réalisation de la révision opérationnelle d'un service alimentaire. »

Price Waterhouse s'assure donc, par le biais de ses recommandations, d'alléchants contrats du ministère de la Santé et des Services sociaux. Faut le faire !

Privatisation à l'américaine

Voici une brève analyse de sept services alimentaires privatisés pour la période de 1987 à 1994. Tous les montants sont exprimés en dollars constants de 1994.

Centre hospitalier Mont-Sinaï

Au cours de l'année de la privatisation à la firme américaine Sodexho, en 1992, le coût unitaire est passé de 18,97 $ à 22,44 $, soit une augmentation de 18,3 %. Cette forte augmentation est venue contrecarrer la baisse constante du coût unitaire qu'avait connue l'hôpital de 1988 à 1991, alors que le service alimentaire était sous l'administration de la direction de l'hôpital. La hausse du coût unitaire des services achetés et des fournitures explique à elle seule le coût plus élevé des repas servis.

Centre hospitalier de St. Mary's

La privatisation de la gestion du service alimentaire, confiée à la firme américaine Marriott en 1993, a provoqué une hausse immédiate du coût unitaire. Il est passé de 19,12 $ en moyenne avant la privatisation à 22,29 $ en 1993 et 22,44 $ en 1994.

Institut neurologique de Montréal

Suite à la privatisation des services alimentaires au profit de la firme américaine Sodexho en 1988, le coût unitaire est resté stable durant trois ans pour ensuite monter en flèche en 1991. L'exemple de cet établissement montre bien que les firmes privées peuvent offrir un contrat alléchant durant les premières années, quitte à augmenter les coûts de façon importante par la suite.

Hôpital Royal Victoria

La gestion du service alimentaire a été confiée à la firme américaine Sodexho en 1987, puis à la firme française G.S.S. en 1994. De 1987 à 1994, le coût unitaire en dollars constants est passé de 19,49 $ à 22,61 $, soit une augmentation de 16 %.

Promotions sociales Taylor-Thibodeau

Versabec, une filiale de la firme américaine ARA Services, assure la gestion du service alimentaire depuis environ 20 ans. De 1987 à 1994, le coût jour-repas a augmenté de 10,6%.

Hôpital de Montréal pour enfants

La privatisation du service alimentaire par la firme américaine Sodexho en 1991 s'est soldée par une hausse moyenne du coût unitaire de 0,86 $. La réduction du coût unitaire en 1994 est attribuable, non pas à une amélioration de la productivité, mais plutôt à une forte augmentation de la quantité de repas vendus aux non-bénéficiaires. Ces repas servis à la cafétéria coûtent moins cher à produire et à distribuer.

Hôpital juif de réadaptation

De tous les établissements étudiés, c'est le seul qui a su réduire ses coûts depuis la privatisation de la gestion de son service alimentaire par Sodexho en 1989.

L'Hôpital La Providence de Magog reprend en main le service alimentaire après l'avoir privatisé!

En 1987, la direction de l'Hôpital La Providence de Magog avait confié le projet de réingénierie et la gestion du service alimentaire à la compagnie Sodexho, une filiale d'une importante firme américaine spécialisée dans la gestion de services alimentaires. Entre 1987 et 1989, le coût unitaire des achats et des fournitures a connu une hausse spectaculaire de 30,5% par année, comparativement à une hausse annuelle de seulement 4,3% de l'indice du coût de la vie. De plus, l'administration du service alimentaire par Sodexho a donné lieu à une augmentation des coûts directs bruts en dollars constants de 177 220 $, soit 12,8% en trois ans.

Devant cette hausse effrénée des coûts, la nouvelle direction de l'hôpital a repris le service alimentaire en main dès 1990. Même si le nombre de repas servis est resté relativement semblable et même si le nombre d'heures rémunérées est resté le même, les coûts directs bruts, en dollars de 1994, ont pu être réduits de 272 208 $ de 1989 à 1991. Le coût unitaire, toujours en dollars de 1994, est passé de 20,93 $ à 18,17 $ durant la même période, soit une baisse de 17,1 % ou de 2,76 $.

Le secteur public domine le tableau d'honneur de la performance

Nous avons comparé les cinq centres hospitaliers de Montréal et Laval où la gestion a été confiée à une firme privée, soit l'Hôpital juif de réadaptation, le Centre hospitalier de St. Mary's, l'Hôpital Royal Victoria, l'Hôpital de Montréal pour enfants et l'Institut neurologique de Montréal, à d'autres établissements comparables des mêmes régions. Nous avons donc retenu 23 établissements à gestion étatique dans les régions de Montréal et Laval. Seuls les établissements dont le nombre de repas servis et le nombre de lits autorisés étaient situés à l'intérieur d'une fourchette comparable ont été retenus.

Dans le tableau ci-dessous, les 28 établissements sont placés en ordre de coût unitaire pour les services alimentaires. On remarque que, pour l'année 1994, aucun service alimentaire à gestion privée n'occupe le premier quartile des 25 % d'établissements les plus performants. Ils se retrouvent plutôt à la queue, quatre d'entre eux rejoignent les 50 % des établissements les moins performants.

Ajoutons que des cinq services alimentaires privés, quatre ont connu une hausse de leur coût unitaire de 1993 à 1994. Pour les services alimentaires gérés par les établissements, 10 services sur 23 ont réussi à réduire leur coût unitaire, une très bonne performance comparativement aux établissements à gestion privée (en caractères gras dans le tableau).

ANNÉE 1994

NOM DE L'ÉTABLISSEMENT	Coût unitaire
PREMIER QUARTILE	
Hôpital Rivière-des-Prairies	14,43
Hôpital Catherine-Booth	17,30
Cité de la santé de Laval	18,43
Hôpital Marie-Clarac	18,76
Institut de cardiologie de Montréal	18,96
C.H. général du Lakeshore	18,96
C.H. de Verdun	19,46
DEUXIÈME QUARTILE	
Hôtel-Dieu de Montréal	20,03
C.H. Fleury	20,59
Hôpital Bellechasse	20,64
C.H. Saint-Michel	20,72
Hôpital juif de réadaptation	**20,78**
Hôpital Sainte-Justine	21,48
Hôpital Jean-Talon	21,66
TROISIÈME QUARTILE	
Hôpital juif Sir Mortimer Davis	22,08
C.H. Douglas	22,31
C.H. de St. Mary's	**22,44**
C.H. de Saint-Laurent	22,46
Hôpital Royal Victoria	**22,61**
Hôpital général LaSalle	22,95
Hôpital de Montréal pour enfants	**23,24**
QUATRIÈME QUARTILE	
C.H. Reddy Memorial	25,17
Institut de réadaptation de Montréal	25,59
Institut neurologique de Montréal	**28,53**
Hôpital Sainte-Jeanne-d'Arc	30,08

Comment faire des économies?

Voici sept propositions permettant de faire des économies dans les services alimentaires des hôpitaux.

1. Récupérer à l'intérieur du réseau public la gestion des services alimentaires actuellement privatisés. Les sept établissements étudiés pourraient récupérer 1,7 million de dollars. Le montant s'élève à 2,5 millions si on l'étend à l'ensemble du réseau.

2. Améliorer l'utilisation de la capacité des établissements. En haussant l'utilisation à un minimum de 95%, les services alimentaires étudiés économiseraient 5,7 millions, soit 8,3 millions dans l'ensemble du réseau. Plusieurs établissements ontariens offrent présentement des repas préparés ou un service de traiteur à des clients externes. Trop souvent, les sociétés d'État et les organismes publics sont fortement limités dans leurs activités et l'État leur interdit de s'engager dans des avenues rentables, comme le fait n'importe quelle firme du secteur privé.

3. Réduire le nombre de cadres. L'étude de la firme Price Waterhouse démontre que le taux d'encadrement est plus élevé que la norme généralement acceptée de 5% pour de tels services. Cette firme chiffre les économies potentielles à 3 millions de dollars.

4. Ramener la production de sept à cinq jours, simplifier les menus et utiliser davantage de recettes standardisées. Cette solution nécessiterait toutefois d'importants investissements, puisque peu d'établissements possèdent la technologie de production et l'espace d'entreposage nécessaires pour fonctionner sur cinq jours.

5. Plusieurs établissements offrant des soins de courte durée proposent un menu s'étalant sur 10 jours, 20 jours ou même plus. La diversité du menu n'apporte aucun avantage additionnel aux bénéficiaires. Évidemment, une telle remarque ne s'applique pas aux établissements de soins de longue durée, où la diversité des menus a un impact direct sur la qualité de

vie des bénéficiaires.

6. Fournir davantage les achats de groupe. Environ 50% des achats de fournitures sont réalisés par le biais d'achats de groupe qui permettent d'obtenir des réductions.

7. Rendre les cafétérias plus attrayantes. Après avoir investi pour rénover sa cafétéria et améliorer son menu, le General Hospital of Ottawa a substantiellement accru ses ventes auprès des non-bénéficiaires.

8. Offrir de la formation au personnel. La formation du personnel est déficiente. La main-d'oeuvre dans les services alimentaires étant très stable, le réseau hospitalier bénéficierait au maximum de cette formation.

En tenant compte seulement des solutions à court terme que nous avons pu quantifier, soit la récupération de la gestion des services alimentaires privatisés, l'utilisation de la capacité excédentaire pour produire à des clients externes et la réduction de l'encadrement, les économies potentielles atteignent 14,6 millions de dollars.

La braderie du Mont-Ste-Anne aux Américains

Comme s'il n'allait plus neiger en hiver!

Léo-Paul Lauzon et Michel Bernard

P eu avant les élections provinciales de 1994, le gouvernement libéral de Daniel Johnson organisa une vaste vente de feu, privatisant en un court laps de temps plusieurs sociétés et biens appartenant à l'État. C'est ainsi que le Mont-Sainte-Anne (MSA) fut cédé le 31 août, douze jours seulement avant les élections. Auparavant propriété de la Sépaq, une société d'État québécoise, le MSA a été cédé au consortium américano-québécois Club Resort Inc. – Développement Bromont inc. controlé à 60 % par l'entreprise américaine Club Resort Inc. Nous estimons qu'un cadeau d'au moins 22 millions de dollars a été offert à l'acheteur par le gouvernement à l'occasion de cette vente.

Le gouvernement libéral a agi en mauvais gestionnaire en ne cessant de déprécier le MSA et en retenant les scénarios les plus apocalyptiques pour en faire l'évaluation. Par exemple, il a beaucoup insisté sur la perte comptable annuelle de l'ordre de 2 à 3 millions de dollars qui est enregistrée depuis 1992 par le MSA. On a mis l'emphase sur la mauvaise apparence que cela donnait aux livres du gouvernement. Quelle est donc la logique pour un vendeur de faire ressortir les plus mauvaises évaluations et rabaisser ainsi le prix de vente ?

Évaluation de la perte subie par le gouvernement

Le gouvernement libéral disposait pourtant d'une analyse de Merrill Lynch effectuée en 1992 et qui situait la valeur des actifs d'opérations dans une fourchette de 16,3 à 27,2 millions de dollars. Il a préféré accorder une foi aveugle à une étude de KPMG qui évaluait les mêmes actifs entre 9,3 millions et 17,2 millions de dollars. Rappelons que notre propre évaluation est actuellement de 17,4 millions de dollars. L'étude de KPMG est beaucoup trop conservatrice, car elle évalue les actifs en se basant sur les résultats récents teintés par la récession et les mauvaises conditions climatiques des dernières années.

L'offre du consortium est de 11 millions de dollars pour les actifs d'opérations. Le gouvernement prétend avoir reçu une offre à l'intérieur de la fourchette. Il faudrait ajouter : une offre au bas de la fourchette de la plus basse des évaluations. Cette baisse dramatique entre les deux évaluations, à deux années d'intervalle et avec la même méthode d'évaluation, montre bien la subjectivité de telles études.

Manifestement, l'étude de KPMG a considéré que la récession se prolongerait durant plusieurs années et que le climat resterait défavorable au ski. Le gouvernement aurait dû se méfier du scénario d'apocalypse de la deuxième étude. Le ministre André Bourbeau, responsable de la privatisation du MSA, n'a d'ailleurs parlé que des mauvaises années dans ses communications pour justifier cette vente à rabais. Il faut aussi tenir compte du fait que la rentabilité du MSA était grevée artificiellement par un coût d'acquisition trop élevé de 23 millions de dollars par la Sépaq en 1985, selon les propres dires du gouvernement.

Une bonne partie de la perte de 22 millions de dollars que nous avons calculée vient aussi du fait que le gouvernement a cédé des dizaines de kilomètres carrés de terrains à 55 % de la valeur marchande. Ces terrains avaient au moment de la vente une valeur marchande de 25,6 millions de dollars selon la firme Racine, Larochelle et associés inc. Alors pourquoi ne pas avoir exigé l'inclusion de ces terrains dans l'offre ferme ? Le gouvernement réserve l'exclusivité de ces terrains à l'acheteur pendant 35 ans et paie les taxes foncières en attendant. Cela revient à donner purement et simplement une option d'achat qui aurait pu se négocier à 11,5 millions de dollars.

Notre chiffre de perte de 22 millions est aussi très conservateur, car il ne tient pas compte de la valeur actuelle de terrains qui ont été donnés au consortium afin qu'il les développe. En réalité, selon nous, la perte totale se rapproche beaucoup plus de 30 millions pour les raisons suivantes :

- Les facteurs défavorables des trois dernières années liés à la conjoncture économique (récession) tirent à leur fin.

- La baisse importante de la valeur du dollar au cours des mois précédant la privatisation incitera les Québécois à skier ici et amènera son lot de touristes américains.

- Les acquéreurs n'auront pas à subir la contrainte imposée à la Sépaq par le gouvernement et pourront investir dans tout ce qui leur semble rentable.

- Les acquéreurs jouiront d'une réduction annuelle de l'ordre de 200 000 $ dans leur compte de taxes foncières.

- Les employés de la Sépaq pourront revenir dans la Fonction publique québécoise. Cela aura pour effet de réduire la charge salariale du MSA qui embauchera les employés à un salaire moindre et alourdira les coûts de l'État.

- L'État québécois devra assumer pour au moins 1 million de dollars de frais de vente dont nous n'avons pas tenu compte dans notre étude.

Des restrictions aux activités du MSA

Pour redonner encore plus d'intelligibilité au phénomène, il faut comprendre pourquoi le MSA n'était présumément pas rentable ces dernières années. Citons M. Jean-P. Vézina, président et directeur général de la Sépaq au moment de la vente du MSA.

Il est donc faux de prétendre, du moins jusqu'à maintenant, que le Parc du Mont-Saint-Anne est non rentable. Cependant, il aurait pu l'être bien davantage si, d'une part, les investissements, comme ce fut le cas pour toutes les autres stations, avaient reçu l'aide de subventions gouvernementales et si, d'autre part, on avait laissé, comme ça se fait partout ailleurs, le Parc du Mont-Sainte-Anne s'impliquer dans les activités au pied de la montagne. (...) Tous les centres récréo-touristiques de la dimension du Mont-Sainte-Anne tirent 25 % à 30 % de leurs revenus de l'hébergement, la restauration, les boutiques, etc. et tirent une autre très importante partie de leurs revenus dans des transactions immobilières. Ces deux champs d'activités ont été interdits à l'administration du Mont-Sainte-Anne, si bien qu'à peine 10 % des revenus proviennent d'autres sources que le ski[1].

Autrement dit, le gouvernement libéral interdisait au Mont-Sainte-Anne de suivre les règles du marché qui lui auraient permis d'être rentable. On lui interdisait d'entrer dans des opérations rentables et on nourrissait ses concurrents de subventions gouvernementales qui lui étaient interdites. Une fois les résultats du Mont-Sainte-Anne minés par ces interdictions, on vend à un prix dégradé à un entrepreneur privé qui, lui, a tout le loisir d'entrer dans les opérations rentables.

On a contraint la société publique, la Sépaq, dans sa gestion du MSA, d'effectuer les activités les moins rentables de développement des équipements récréatifs comme le développement du ski et du golf et on l'a privée des opérations rentables relatives à l'hébergement, la restauration et les boutiques qui sont, il faut le souligner, rendues possibles grâce aux équipements récréatifs. On lui a aussi interdit le développement immobilier qui prend de la valeur justement à cause des équipements récréatifs.

Autrement dit, la société publique « subventionnait » par ses investissements en équipements récréatifs les autres activités privées des concessions qui récoltaient cette « externalité positive ». Il est outrageant que le gouvernement libéral ait tenté de masquer ces faits au grand public en déclarant simplement que la société publique n'était pas rentable par ses activités intrinsèques. On charge la société publique de développer des opérations rentables pour les autres et l'on nous dit ensuite que l'investissement public n'est pas rentable en soi : c'est une aberration.

Donc, pour corriger les chiffres concernant la valeur actuelle que représente le Mont-Sainte-Anne, il faudrait savoir à combien

---

1 Allocution de M. Jean-P. Vézina lors d'une conférence organisée par la Chambre de commerce Beauport-Côte-de-Beaupré, le 24 mars 1993.

se seraient élevés les bénéfices sans cette entrave gouvernementale dirigée contre les opérations les plus rentables. Évidemment, il y a ici une impasse méthodologique pour retracer de tels chiffres. Tout ce que l'on peut affirmer, c'est que la valeur actuelle des éléments d'opérations aurait été beaucoup plus élevée si le MSA avait eu les mains libres pour récolter les valeurs des opportunités rentables qu'elle créait par ses éléments d'opérations. C'est pourquoi nous jugeons qu'une valeur actuelle de 17,4 millions de dollars pour les actifs d'opérations est une estimation conservatrice de notre part. Car il faut rappeler que l'entrepreneur privé acheteur sera lui tout à fait libre de récolter les plus-values créées par les équipements récréatifs.

Autres considérations

On doit également noter que cette vente à rabais entraînera une baisse de l'évaluation foncière pour MSA, ce qui entamera les revenus de taxes foncières de la municipalité de Beaupré. Le maire de cette municipalité déclare perdre 300 000 $ de taxes foncières annuelles qu'il devra récupérer en taxant davantage les citoyens. Il faut aussi tenir compte du fait que les profits futurs appartiendront à 60 % à une firme américaine. Les dividendes prendront le bord des États-Unis. De plus, le gouvernement paiera des frais de transaction de l'ordre de 1 million de dollars, ce qui entamera sérieusement l'effet recherché de cette privatisation sur les finances publiques.

Transparence de la transaction

Le manque de transparence légendaire qui entoure les privatisations est tout à fait condamnable. Il s'agit pourtant de fonds publics. Les faits devraient être complètement divulgués, car l'intérêt public est en cause. L'information sort difficilement et partiellement. Comment peut-on donner la réplique à l'aide d'informations partielles ? Le ministre des Finances André Bourbeau affiche son agacement dans les journaux quant aux informations qui circulent. A-t-il quelque chose à cacher ?

Et dire que quelques jours avant la vente finale, monsieur Bourbeau fustigeait ses fonctionnaires de la Sépaq pour avoir divulgué de l'information pertinente au public. Il nous semble plutôt absurde de blâmer les fonctionnaires de faire preuve de transparence et de faire, somme toute, le travail du ministre en informant le public. Monsieur Bourbeau s'est plaint du fait qu'il n'y ait jamais eu de couverture médiatique aussi importante pour les 39 autres privatisations mises de l'avant par le gouvernement libéral. Forcément, le public et les journalistes n'ont jamais eu accès à autant d'informations dans le passé.

Conclusion

Comment peut-il se faire que le MSA ait été vendu à la Sépaq 21 millions de dollars en 1985, et qu'après des investissements de 43,5 millions, il soit revendu à seulement 15 millions neuf ans plus tard ? L'erreur du gouvernement libéral vient de sa hâte à vendre cette société d'État. Il a créé lui-même un scénario de liquidation. Une hâte affichée et publicisée invite les acquéreurs potentiels à faire des offres très basses.

Le gouvernement a annoncé sa démarche générale de privatisation en 1986 et l'a réitérée dans le discours du budget de 1994-1995. Mais le gouvernement libéral et la députation font trop ouvertement une profession de foi anti-étatiste pour que les entrepreneurs privés ne sentent pas la bonne affaire et l'optique de liquidation. Une des erreurs du gouvernement libéral a été d'empêcher la Sépaq et le MSA d'entrer dans les activités les plus lucratives car, disait-il à partir d'une définition idéologique d'un bien public, ce n'est pas la mission d'un gouvernement. Le MSA a joué le rôle de créateur de valeur pour des concessionnaires privés. Par exemple, le gouvernement montrait une panique devant ce qu'il appelle le mouvement de consolidation des centres de villégiature en Amérique du Nord. D'ailleurs, l'acheteur actuel majoritaire, Club Resort, avait fait parvenir une lettre à la Sépaq le 23 mars 1993 dans laquelle il disait que le MSA avait alors une valeur très déprimée qui ne correspondait pas à son potentiel.

Par exemple, les années 1988-1989, qui ne sont pas si lointaines, avaient été bonnes avec 670 000 jour/ski par année alors qu'on en comptait 450 000 en 1993. Club Resort lui-même faisait valoir, entre autres choses, que la récession tirait à sa fin et recommandait peu avant la privatisation de ne pas vendre et d'attendre que le MSA retrouve sa pleine valeur économique. Il fallait attendre que les 43,5 millions fraîchement investis puissent exprimer leur virtualité dans le contexte de la reprise.

Évidemment, devant l'entêtement du gouvernement à vendre absolument, Club Resort s'est placé dans le rang des acheteurs avec une valeur déprimée. On a cédé des actifs presque neufs à un taux moindre que les vieilles installations du Mont Tremblant. Le gouvernement libéral a paniqué.

L'expérience passée des privatisations sous le régime Thatcher, sous l'administration Reagan et, au Canada, sous le gouvernement conservateur nous apprend que les gouvernements vendent à la pièce dans un climat et un scénario de liquidation qu'ils créent eux-mêmes. On annonce d'avance que l'on cédera à la meilleure offre même si elle est insuffisante, ce qui provoque des offres réduites. On devrait fixer un prix plancher au-delà duquel on s'engage à ne pas descendre. L'idée que l'offre du marché représente le prix absolu est ridicule dans ce contexte. Nous ne voyons pas pourquoi le gouvernement n'a pas publicisé l'offre afin de permettre une surenchère.

Le groupe Désourdy, qui fait partie du consortium par le biais de Développement Bromont inc., est justement une entreprise à l'affût des ventes de feu de l'État. Il a récemment investi dans la production d'électricité, qu'il vendra à Hydro-Québec à gros prix, et il se prépare à la privatisation des autoroutes et à la manne que constituerait la réintroduction des péages (un retour aux années 60-70). Le secteur privé flaire la bonne affaire que provoque l'attitude dogmatique prêchant la minimalisation de l'État. La présidente du Syndicat canadien de la fonction publique Danielle-Maude Gosselin trouvait d'ailleurs curieux que le gouvernement libéral ait extensionné la période de réception des offres du 15 mars à la fin d'avril pour permettre à Désourdy et à ses associés américains de présenter une soumission.

Nous blâmons le gouvernement libéral d'avoir dilapidé le bien commun québécois. Avec cette perte d'au moins 22 millions de dollars, le gouvernement libéral a donné le signal aux acheteurs qu'il est disposé à accepter pour les prochaines privatisations les offres les plus hautes, fussent-elles insatisfaisantes. L'attitude du gouvernement libéral rappelle celle d'un syndic de faillite.

Privatisation de l'amiante

Une aumône publique pour la misère de Mazarin

Août 1994

Léo-Paul Lauzon

L e 5 septembre 1992, le gouvernement libéral du Québec cédait ses participations dans l'amiante à la Société d'exploration minière Mazarin inc.

Ce faisant, la Société nationale de l'amiante (SNA), filiale à part entière du gouvernement du Québec, transférait 54,6 % des actions ordinaires de la Société Asbestos (société ouverte dont le reste des actions est détenu par de nombreux actionnaires) et 100 % des actions des Mines d'amiante Bell et d'Atlas Turner à la minuscule société Mazarin. De plus, la SNA cédait à l'acheteur toutes les créances qui lui étaient dues par ces trois entreprises et qui s'élevaient à 133 millions de dollars.

On peut s'interroger sur l'à-propos de la vente. En effet, nos élus ont cédé ce bien public à un très mauvais moment. En octobre 1991, la cour d'appel de la Nouvelle-Orléans rejetait le règlement adopté en 1989, qui interdisait la vente de produits à base d'amiante aux États-Unis. Puis, en mars 1992, l'Environmental Protection Agency des États-Unis faisait savoir officiellement qu'elle n'en appellerait pas de ce jugement. Le vaste marché américain s'ouvrait de nouveau aux produits québécois de l'amiante.

Prix et financement

Le prix total de la transaction fut de 34,4 millions de dollars. De ce montant, 2 millions seulement ont été versés par Mazarin à la SNA au moment de la vente. Le solde de 32,3 millions, portant intérêt au taux bancaire de base, est payable à même les liquidités futures générées par les trois filiales acquises.

Récemment, le ministre des Finances André Bourbeau a signalé qu'il avait refusé de vendre en 1993 le Mont-Ste-Anne à Club Resorts sur une base de location-achat parce que, selon de telles modalités, le gouvernement du Québec assumait tous les risques. Pourtant, quelques mois auparavant, il venait de brader ses mines d'amiante en assumant tous les risques. Une chance que le ridicule ne tue pas.

Pour amasser l'argent nécessaire afin de verser au gouvernement la somme de 2 millions de dollars au comptant, Mazarin a émis des débentures convertibles en actions ordinaires au gré du porteur à des taux d'intérêt et des conditions défiant toute concurrence. Nous reviendrons sur cet aspect un peu plus loin.

Privatisation de la gestion des mines dès 1986

En 1986, le gouvernement libéral du Québec confiait la gestion de ses mines d'amiante en sous-traitance à la LAB, société en commandite. En échange, les sociétés d'État Asbestos et Bell recevaient chacune 20 % des parts de la LAB, ce qui leur donnait droit à un pourcentage variable des bénéfices de la société en commandite, qui a toujours oscillé aux alentours de 32 %.

En conséquence, la Société nationale de l'amiante (SNA) ne s'occupait plus de la gestion quotidienne de ses mines. Elle n'avait plus pour tâche que de percevoir ses dividendes de LAB et de s'assurer du respect de l'entente signée avec cette dernière. En 1991, LAB a généré un bénéfice de 24 millions, dont 7,7 millions ont été versés à la SNA. En 1992, les bénéfices ont augmenté de 10 millions, soit 42 %, pour atteindre 34 millions, dont 10,9 millions sont revenus à Mazarin, lui procurant un taux de rendement sur investissement hors de l'ordinaire. On constate que, selon le credo appliqué religieusement par les libéraux provinciaux, les privatisations de sociétés d'État sont réalisées dans l'intérêt supérieur de certains individus bien branchés sur le pouvoir !

Même si la transaction a été finalisée le 5 septembre 1992, le gouvernement libéral du Québec lui a donné un effet rétroactif jusqu'au mois de mars 1992, ce qui a permis à Mazarin d'encaisser en toute quiétude les bénéfices antérieurs au 5 septembre et d'empocher les sommes versées par LAB à la SNA entre mars et septembre 1992. On frise le ridicule : le vendeur cède à l'acheteur ses revenus et encaissements antérieurs à la transaction. Du jamais vu !

Évaluation des entreprises vendues

L'évaluation des entreprises étatiques cédées à Mazarin est fondée sur l'estimation, par les dirigeants de Mazarin et de la SNA, des flux monétaires futurs. Cette estimation, divulguée entre autres dans l'offre d'achat datée du 30 juin 1992, est conservatrice, les deux parties prenantes de cette transaction ayant intérêt à produire des prévisions pessimistes afin de réduire la valeur apparente des entreprises cédées à Mazarin et de justifier le prix ridiculement bas payé par Mazarin. On espérait ainsi atténuer le tollé qu'une vente aussi scandaleuse ne manquerait pas de soulever auprès des individus et des groupes qui n'ont pas renoncé à tout esprit critique. Un exemple de la « prudence » de ces estimations : Mazarin avait prévu, dans l'offre d'achat, que LAB réaliserait en 1992 des bénéfices de 9,7 millions de dollars. Dans les faits, les profits se sont élevés à 10,9 millions en 1992, soit un écart de 12,4 % favorable à Mazarin.

Les flux monétaires que Mazarin recevra comprennent les dividendes versés par LAB aux mines privatisées, ceux retenus en leur nom pour fins de réinvestissement et plusieurs actifs détenus par les trois firmes acquises. Ces actifs sont composés des surplus accumulés des régimes de retraite, des comptes à recevoir, des dépôts à terme, du quai en eau profonde de Deception Bay, de recouvrements d'assurance et d'impôts et de propriétés foncières. De plus, Mazarin se propose de facturer aux firmes privatisées 300 000 $ par an en honoraires de gestion. (Nous reviendrons sur les doutes que soulève la légitimité de ces frais). De ces flux monétaires encaissés par Mazarin seront déduits certains déboursés que Mazarin et les firmes privatisées doivent assumer : coûts de préretraite, fermeture de la mine Asbestos, décontamination d'un site en Allemagne et frais annuels habituels des mines d'amiante liquidées. Officiellement, les fonds transférés à Mazarin par les firmes privatisées proviendront des intérêts et des remboursements des créances de 133 millions que la SNA a eu la générosité de céder à l'acquéreur ainsi que des honoraires de gestion imputés.

Les données que nous présentons ci-dessous sont actualisées au taux de 8 % par an, taux utilisé par les dirigeants de Mazarin dans les documents produits pour prévoir la charge d'intérêt payable à la SNA sur le solde dû. De plus, nous avons retenu une durée de vie de dix ans pour les sites miniers privatisés, ce qui est très conservateur.

Valeur des actifs acquis par Mazarin
(en milliers de dollars)

Année	Flux monétaires nets prévus par Mazarin	Facteur d'actualisation	Valeur actuelle
1992	13 886	0,926	12 858
1993	19 348	0,857	16 581
1994	11 233	0,794	8 919
1995	6 846	0,735	5 032
1996	6 530	0,681	4 447
1997 à 2001[1]	7 000	2,717	19 019
1996[2]	4 000	0,681	2 724
1992 à 2001[3]	1 600	6,710	10 736
TOTAL			80 316 $

1. Selon nos propres estimés, puisque les documents fournis par Mazarin et SNA ne couvraient qu'une période de cinq ans. Ces chiffres sont, rappelons-le, très conservateurs.
2. Réserve monétaire créée en 1992 par Mazarin, recouvrable en 1996.
3. Dividendes retenus par LAB pour fins de réinvestissement dans les mines d'amiante. Ces investissements annuels augmentent la valeur du placement de Mazarin dans LAB (40 % du contrôle).

En se fiant aux chiffres prévisionnels ultra-conservateurs utilisés par les dirigeants de Mazarin et de la SNA, les trois firmes privatisées ont une valeur actuelle de près de 80,3 millions de dollars. Pourtant, le gouvernement libéral du Québec les a bradées pour la modique somme de 34,3 millions de dollars, dont seulement 2 millions ont été versés comptant, le solde étant payable à même les bénéfices futurs des sociétés privatisées. Une vraie honte, un pur scandale! La collectivité québécoise subit une perte monétaire de plus de 46 millions. Aucune personne le moindrement intelligente et éclairée n'aurait réalisé un tel marché de dupes. Pour avoir consenti à un tel cadeau aux dirigeants et actionnaires de Mazarin, il faut que les ministres libéraux impliqués ainsi que les dirigeants de la SNA soient ou bien des imbéciles ou bien des individus d'une moralité douteuse.

De plus, contrairement à d'autres cas de privatisations, comme celui du Mont-Ste-Anne, le gouvernement peut se vanter de priver la collectivité québécoise d'opérations fort profitables, les mines d'amiante étant largement rentables au moment de leur privatisation.

Valeur des actifs réalisables cédés

En se procurant les actifs de l'État dans l'amiante, Mazarin a obtenu le droit à de généreux dividendes annuels de LAB (10,9 millions en 1992), la possibilité de facturer de substantiels honoraires de gestion aux trois firmes privatisées (300 000 $ en 1992) ainsi que 52,8 millions de dollars en actifs détenus par Asbestos, Bell et Atlas Turner. Ces actifs peuvent être liquidés sans nuire à l'exploitation des trois compagnies vendues et Mazarin a clairement indiqué dans les documents fournis à la SNA et au gouvernement qu'elle comptait s'en départir dans les plus brefs délais. Voici une description de ces actifs réalisables cédés à Mazarin:

Valeur de réalisation nette
(en millions de dollars)

Liquidités détenues par les trois firmes privatisées	**23,1**
Partie des surplus accumulés des régimes de retraite revenant à l'acheteur	**20,1**
Quai en eau profonde de Deception Bay, région de l'Ungava	**3,0**
Recouvrement d'impôts	**1,5**
Recouvrement d'assurance de Lloyds	**1,7**
Autres propriétés foncières	**3,4**
TOTAL	**52,8**

Ce simple bilan des actifs acquis par Mazarin lors de la privatisation des trois firmes Asbestos, Bell et Atlas Turner, dont l'acquéreur peut disposer facilement sans compromettre l'exploitation normale des entreprises, montre bien l'importance du scandale. Comment notre aimable gouvernement peut-il brader à rabais des biens collectifs en cette période de rareté des ressources, alors qu'il coupe à bras raccourcis dans les services de santé, l'aide aux démunis et le soutien aux groupes communautaires et progressistes ?

Mazarin avant et après la privatisation

Le gouvernement du Québec a cédé un bien collectif à une société qui n'affichait pas des ressources financières très reluisantes et qui n'avait pas démontré dans le passé une capacité de gestion époustouflante. Mais, rappelons-le, Mazarin n'aura pas à gérer les sociétés d'amiante puisque l'exploitation de ces entreprises revient en exclusivité à LAB. Mazarin se contentera de savourer sa belle « passe » financière et d'encaisser en toute quiétude les généreux dividendes annuels versés par LAB.

Voyons de plus près à qui l'État a offert cette petite poule aux oeufs d'or. D'entreprise moribonde qu'elle était, Mazarin a été propulsée au rang de firme respectable, comme le démontrent éloquemment les chiffres du tableau suivant :

Portrait financier de Mazarin
(au 31 mars)

	Avant la privatisation **1991**	Avant la privatisation **1992**	Après la privatisation **1993**
Bénéfice (perte) net	(5 337 813 $)	(622 937 $)	8 759 000 $
Bénéfice (perte) par action	(0,20 $)	(0,02 $)	0,31 $
Produits d'exploitation	153 008 $	79 000 $	12 861 000 $
Encaisse et dépôts à terme	854 378 $	527 454 $	11 703 000 $
Actif total	6 070 579 $	5 554 112 $	52 044 000 $
Valeur au marché de l'action	0,40 $	0,20 $	1,20 $
Valeur boursière ou marchande de la firme : 27,6 millions d'actions émises + 5,8 millions d'actions à émettre en vertu d'options d'achat et de droits de conversion		5 520 000 $	40 080 000 $

On le voit, la privatisation de l'amiante au Québec a constitué un vaudeville de mauvais goût dont la collectivité a fait les frais et dont les actionnaires et les dirigeants de Mazarin récoltent les fruits juteux. Avant la privatisation de l'amiante, la valeur boursière de

Mazarin s'élevait à 5,5 millions de dollars. Elle a grimpé à 40,1 millions à la suite du fabuleux *deal* passé avec le gouvernement libéral du Québec. Ceci signifie que les actionnaires et les dirigeants de Mazarin se sont enrichis à très court terme de 34,6 millions, la valeur nette de la société augmentant de 629 %.

Il faut enfin signaler que l'encaisse et les dépôts à terme de Mazarin se chiffrent à un « maigre » 11,7 millions au 31 mars 1993. Si on ajoute à ce montant une petite réserve de 4 millions placée en fiducie par la société et le remboursement accéléré de 16 millions au gouvernement du Québec, c'est la modique somme de 31,1 millions de dollars qui a été extraite des coffres des trois sociétés privatisées.

De généreuses options d'achat d'actions consenties aux dirigeants de Mazarin

Au cours de l'exercice financier clos le 31 mars 1993, les dirigeants de Mazarin ont profité de cette manne étatique. Ils se sont empressés d'exercer un bon nombre de leurs généreuses options d'achat d'actions en achetant 775 000 actions ordinaires pour une considération de 228 000 $, soit un prix unitaire par action de 0,29 $ alors que la valeur au marché de l'action oscillait autour de 1,20 $. Ces dynamiques dirigeants ont ainsi réalisé rapidement et sans trop se forcer un gain par action de 0,91 $, pour une somme totale de 705 250 $, gracieuseté de la collectivité québécoise.

De plus, la note 13 des états financiers de Mazarin indique qu'en date du 31 mars 1993, 1 717 000 actions ordinaires sont réservées aux dirigeants de l'entreprise au prix moyen de 0,256 $, ce qui représente un autre gain potentiel de 1 605 000 $. Comme si cela n'était pas suffisant, les dirigeants de Mazarin ont pressé un peu plus le citron en 1993, en octroyant de nouvelles options d'achat d'actions aux anciens et aux nouveaux dirigeants. La note 13 des états financiers présente en détail ces options d'achat d'actions que nous regroupons dans le tableau suivant :

Nombre d'actions	Prix unitaire	Valeur au marché	Gain unitaire	Gain potentiel
35 000	0,26 $	1,20 $	0,94 $	32 900 $
485 000	0,43 $	1,20 $	0,77 $	373 450 $
25 000	0,53 $	1,20 $	0,67 $	16 750 $
545 000				423 000 $

Salaires des dirigeants

L'avis de convocation de l'assemblée annuelle et spéciale des actionnaires de 1993 indique que les deux plus hauts gradés de Mazarin ont reçu un traitement annuel de 606 622 $, dont 396 000 $ en boni. Ces montants ne comprennent ni les avantages sociaux ni les gains réalisés et potentiels sur les fastueuses options d'achat d'actions qui excèdent largement ces salaires. Si on ajoute les gains sur ces options d'achat d'actions, on s'approche de la somme de deux millions de dollars.

Michel Cyr, le président du conseil d'administration, détenait au 31 mars 1993 des options d'achat et des droits de souscription sur 1 185 626 actions, lui assurant un gain potentiel frisant le million de dollars. Et cela ne comprend pas les gains éventuellement réalisés sur les options d'achat exercées au cours de l'exercice financier.

Quant au président de Mazarin, Régis Labeaume, il a quitté l'entreprise une fois la privatisation terminée avec plus de 2,8 millions de dollars en poche afin de se recycler dans la cogénération, un autre domaine où le lobby gouvernemental joue un rôle majeur.

Ne cherchons pas midi à quatorze heures. Ces traitements royaux n'ont pu être versés que grâce aux revenus encaissés par Mazarin avec la privatisation de l'amiante. Il est bon de rappeler que le bénéfice net de Mazarin fut de 8,8 millions de dollars en 1993, alors que la société affichait une perte de 623 000 $ l'année précédente. Ces fastueuses rémunérations, provenant de fonds publics, illustre la redistribution des richesses collectives apprêtée à la sauce libérale.

A titre de comparaison, voici la rémunération annuelle versée en 1993 aux dirigeants de trois grandes sociétés d'État québécoises, dont les mérites et les responsabilités dépassent largement ceux des petits cadres opportunistes de Mazarin :

Rémunération des dirigeants de sociétés d'État

Nom	Titre	Entreprise	Rémunération annuelle
Jocelyn Tremblay	Président directeur général	Société des alcools du Québec	130 000 $
Guy Savard	Président et chef de l'exploitation	Caisse de dépôt et placement du Québec	218 325 $
Jean-Claude Delorme	Président du conseil d'administration et chef de la direction	Caisse de dépôt et placement du Québec	268 710 $
Richard Drouin	Président du conseil d'administration et chef de la direction	Hydro-Québec	286 000 $

Bien évidemment, ces employés de l'État n'ont pas le droit d'arrondir leurs fins de mois avec de plantureuses options d'achat d'actions.

Dans l'avis de convocation de l'assemblée annuelle et spéciale des actionnaires pour l'exercice financier 1992 de Mazarin, daté du 30 septembre 1992, on apprend que l'administrateur Michel Cyr avait le droit d'acquérir 150 000 actions ordinaires en vertu d'options d'achat et d'autres privilèges. En 1993, ce nombre passait – tenez-vous bien ! – à 1 185 626 actions ordinaires. L'administrateur Michel Plante, quant à lui, voyait ses options d'achat passer de 100 000 actions en 1992 à 1 054 200 actions en 1993. Tout simplement ahurissant ! Il est intéressant de noter que ces deux individus ont fait leur entrée à titre d'administrateurs chez Mazarin en 1992 seulement.

En 1991, avant la privatisation, le président, trois vice-présidents et un administrateur recevaient des honoraires professionnels totaux de 300 000 $, soit une moyenne de 60 000 $ chacun. Ce montant incluait des coûts administratifs pour une période de trois mois facturés à Mazarin par une société de gestion contrôlée par le président de Mazarin, Régis Labeaume.

En 1992, suite à la privatisation de l'amiante, les trois premiers vice-présidents de l'entreprise se sont partagé 212 674 $, soit une moyenne de 70 891 $ chacun. La même année, Régis Labeaume a reçu de Mazarin la jolie somme de 233 995 $ pour un ensemble de services administratifs, juridiques et comptables facturés à la société.

Mentionnons également que les administrateurs de Mazarin n'ont reçu aucun honoraire en 1991 et 1992, alors qu'ils empochaient 106 500 $ en 1993.

Débentures convertibles

Comme nous l'avons signalé plus tôt, les 2 millions de dollars versés au comptant à l'État par Mazarin au moment de la transaction proviennent d'un emprunt effectué auprès d'investisseurs privés et de dirigeants de Mazarin, puisque la société était, à ce moment-là, sans le sou.

Compte tenu des généreuses conditions consenties à ces prêteurs, ceux-ci pouvaient également profiter de la manne étatique. En effet, cet emprunt, négocié sous la forme de débentures convertibles, porte intérêt au taux annuel de base de la Banque Nationale du Canada plus 8 % par an ! De plus, chaque débenture de 5 000 $ est convertible jusqu'au 1er septembre 1997 en 11 627 actions ordinaires de la société Mazarin et comporte également des droits permettant de souscrire à 2 190 actions ordinaires à un prix de 0,70 $ l'action et ce, indépendamment de la conversion des débentures.

Si les détenteurs de ces débentures exercent tous leurs privilèges après un an, ils réaliseront un gain annuel de 4 318 960 $ soit un rendement sur investissement de 216 %. Les *shylocks* sont moins gourmands.

Gain réalisé sur les débentures convertibles
(première année)

Conversion des débentures en actions ordinaires 11 627 actions x 400[1] = 4 650 800 actions x 1,20 $[2]	5 580 960 $
Exercice des droits de souscription 2 190 actions x 400 = 876 actions x 0,50 $[3]	438 000 $
Intérêts encaissés durant l'année 2 000 000 x 15 %[4]	300 000 $
VALEUR TOTALE REÇUE	6 318 960 $
Emprunt effectué	2 000 000 $
GAIN POTENTIEL	4 318 960 $
Taux de rendement annuel sur l'investissement soit 4 318 960 / 2 000 000	216 %

1. Débentures de 2 000 000 $ divisées par tranches de 5 000 $.
2. Valeur au marché de l'action le 5 septembre 1993.
3. Gain potentiel selon la valeur au marché de l'action, soit 1,20 $ moins le prix de levée de 0,70 $.
4. Taux de base bancaire + 8 % tel que stipulé dans le contrat d'emprunt.

Opérations avec des sociétés détenues par des administrateurs

En consultant les états financiers 1991 et 1992 de Mazarin, on constate, à la lecture de la note 10, que les administrateurs transigeaient joyeusement avec Mazarin :

	1991	**1992**
Opérations avec des sociétés détenues par des administrateurs	268 887 $	273 995 $
Frais d'administration totaux de Mazarin	614 637 $	649 448 $
Pourcentage des frais d'administration totaux encaissés par les administrateurs de Mazarin	44 %	42 %

Il est toujours délicat pour une entreprise de transiger avec des individus ayant un lien de dépendance étroit avec elle. Dans le cas de Mazarin, plus de 40 % des dépenses de l'entreprise étaient effectuées au bénéfice des administrateurs de la société, ce qui ne manque pas de soulever certaines questions d'ordre éthique.

Aide gouvernementale

En plus de s'être vu offrir sur un plateau d'argent un bien collectif constitué de sociétés étatiques opérant dans le secteur de l'amiante, Mazarin a joui, depuis le début de son existence en 1985, d'importantes aides gouvernementales. En effet, par son statut de société minière, Mazarin a toujours émis des actions accréditives donnant droit à un déluge de crédits d'impôts, tant au fédéral qu'au provincial. De ce fait, nous pouvons estimer, de manière conservatrice, que les gouvernements ont financé au moins 40 % du capital actions de 13 millions de dollars émis par Mazarin au 31 mars 1993, soit environ 5 millions, sous la forme de généreux crédits d'impôts rattachés à l'émission d'actions accréditives.

Le silence des états financiers de la SNA sur la privatisation

Il est tout à fait inacceptable que les états financiers de la société nationale de l'amiante (SNA) pour l'exercice 1993, année au cours de laquelle la privatisation a eu lieu, ne fassent aucune mention de cette importante transaction qui touche dans les faits l'essence même de cette société et sa raison d'être. Une fois les trois filiales de l'amiante vendues, la SNA n'est plus qu'une coquille vide.

La privatisation de l'amiante constituait une transaction plus que majeure. Il aurait fallu fournir aux contribuables tous les détails de cette opération financière dans les états financiers de la SNA. Or, à l'exception d'une courte phrase de trois lignes dans le rapport du président de la SNA, qui s'en tient à de banales généralités, aucune information n'est communiquée dans le rapport annuel 1993. Il est très étonnant que l'omission d'une transaction d'une telle importance n'ait pas fait l'objet d'un commentaire négatif ou d'une réserve dans le rapport des vérificateurs externes.

Devant les doutes et les réserves exprimés par de nombreuses personnes au sujet de cette transaction financière, les dirigeants de la SNA et les ministres libéraux concernés auraient dû divulguer les informations nécessaires afin de dissiper ces suspicions. À la lecture de notre démonstration, on comprend mieux pourquoi les libéraux ont eu intérêt à camoufler les faits et à s'en tenir à leurs sempiternels arguments dogmatiques et démagogiques pour justifier la kyrielle de privatisations passées et à venir.

Conclusion

Un des objectifs de notre étude consistait à examiner si la privatisation de l'amiante a été bénéfique pour la collectivité québécoise. Nous sommes à même de constater que cette privatisation a été réalisée au détriment de la population du Québec et au bénéfice de certains intérêts privés. Cette privatisation ne créera aucune richesse nouvelle; elle ne fera que la déplacer des mains de la collectivité québécoise dans les poches des dirigeants et actionnaires de la société Mazarin.

Nous défions, chiffres à l'appui, les ministres du gouvernement libéral du Québec et les dirigeants de la SNA de venir prouver, au cours d'un débat public, qu'ils n'ont pas dilapidé les biens publics et qu'ils ont agi avec diligence dans l'intérêt supérieur de la collectivité.

Compressions budgétaires à Radio-Canada et Radio-Québec

Le loup dans la bergerie à la SRC
Une autre politique
pour l'autre télévision

Michel Bernard et Léo-Paul Lauzon

Articles parus dans *l'aut' journal*, n° 135, 15 avril 1995
et n° 146, février 1996 réactualisés.

R adio-Canada et Radio-Québec sont sur la sellette. Les coupures annoncées vont transformer radicalement la mission des deux sociétés d'État et ouvrir la voie à une américanisation encore plus poussée des ondes. Radio-Canada a coupé elle-même la branche sur laquelle elle était assise. Quant à Radio-Québec, on a raté, il y a quelques années, une occasion en or d'en faire un outil capable non seulement de diffuser, mais également de financer tout le domaine de la culture au Québec.

Radio-Canada est tout simplement victime du discours néolibéral qu'elle nous distille depuis plus d'une décennie. Elle s'est fait elle-même hara-kiri. Les Scully, Derome, Durivage ont été de dociles et consentantes courroies de transmission de l'idéologie néolibérale que le gouvernement invoque aujourd'hui pour trancher du tiers le budget de la société d'État et licencier de 3 000 à 4 000 autres employés, en plus des 3 000 congédiés récemment.

On se rappellera, entre autres, toute l'hystérie entourant la diffusion d'une émission spéciale, animée par Simon Durivage et intitulée *Huis clos sur la dette*. Nous l'avions rebaptisée *Huit clowns sur la dette* pour rendre justice à la bande de bonhomme-sept-heures qu'on y avait invités. Comble de l'ironie, la veille du dépôt du budget Martin annonçant les coupures, on diffusait en reprise une entrevue de Robert Guy Scully avec le grand-prêtre du néolibéralisme, l'économiste Milton Friedman.

On aurait pu s'attendre à un peu plus d'objectivité avec la création du réseau RDI. Mais non! L'émission d'affaires économiques a été confiée à l'ineffable Claude Beauchamp, la marionnette du milieu des affaires, qui a dû retirer prestement sa candidature à la mairie de Montréal, parce que la population ne voulait rien savoir de son programme de privatisations tous azimuts.

Avec la nomination de Perrin Beatty et Guylaine Saucier au conseil d'administration, deux personnes étrangères au milieu culturel, le gouvernement a introduit le loup dans la bergerie. Attendons-nous au même résultat que celui qui a découlé de la nomination de Paul Tellier à la tête du Canadien National. La nomination d'une femme d'affaires à la présidence du conseil d'administration de Radio-Canada démontre bien que c'est le fric qui mène à tout, et non le journalisme!

L'autre télévision?

À Québec, plutôt que de profiter du désinvestissement du fédéral pour occuper toute la place, le gouvernement démontre qu'il est victime du même endoctrinement en coupant à Radio-Québec. Mais il faut dire, à propos de la société d'État québécoise, que l'occasion d'en faire un véritable instrument de promotion de la culture québécoise a été ratée il y a quelques années lors de la privatisation de Cablevision Nationale.

Cette entreprise de câblodistribution, alors contrôlée par la Caisse de dépôt et de placement, a été donnée en cadeau à une entreprise déficitaire cinq fois moins grosse et qui ne connaissait pas grand chose à la câblodistribution, soit le groupe Vidéotron de Claude Chagnon.

Aujourd'hui, le secteur de la câblodistribution de Vidéotron génère, bon an mal an, plus de 150 millions en liquidités, un montant qui aurait pu être investi pour soutenir le travail des cinéastes, des peintres, des poètes et de l'ensemble des artistes québécois plutôt que d'être dilapidés dans les aventures financières de Claude Chagnon.

En effet, chaque fois que Chagnon a tenté sa chance hors du monopole surprotégé et dorloté de la câblodistribution, il s'est pété la marboulette. Mentionnons Vidéoway, Multi-points, Promexpo et ses nombreux investissements en France, dont un dans TV5.

Au Musée de l'humour

Le transfert de Câblevision Nationale, qui était jusqu'en 1980 un puissant levier économique public, à André Chagnon constitue un très bel exemple de piètre redistribution de la richesse collective dans lequel des biens publics servent à enrichir les intérêts privés plutôt que de servir les intérêts supérieurs de la collectivité.

Il faut ajouter également que l'ineffable Mario Bertrand, cet individu aux multiples compétences administratives et politiques, a aussi profité de la poule aux oeufs d'or qu'est Vidéotron en encaissant pas moins de 2 millions de dollars en l'espace de trois ans, sous forme de salaires, d'options d'achat d'actions et autres avantages pécuniers.

Il faudrait introniser au Musée de l'humour les dirigeants de Vidéotron et de Télé-Métropole lorsqu'ils accusent Radio-Canada et Radio-Québec de concurrence déloyale alors que leur entreprise n'a de privé que le nom. Vidéotron a reçu des dizaines de millions en aide gouvernementale de toutes sortes, dont plusieurs millions à la faveur du Régime d'épagne-actions du Québec. En fait, nous avons collectivement financé le délestage d'un bien public par le biais de la Caisse de dépôt et du RÉAQ.

Un projet de société

Si le gouvernement québécois avait réuni Radio-Québec et Câblevision Nationale plutôt que de donner cette dernière à un ami du régime, la société québécoise serait collectivement plus riche aujourd'hui. Elle serait à la tête d'un réseau intégré de câblodistribution et de télévision et pourrait offrir toute une gamme de canaux qui pourraient nous présenter des émissions éducatives, culturelles et d'information d'une ampleur autre que les conférences du Canadian Club et de l'Empire Club qu'on nous offre au poste 21, du Télé-Immeubles et de la vente de bébelles. De plus, avec les profits réalisés, elle pourrait soutenir financièrement ses artistes.

Cela aurait contribué à notre affirmation culturelle et nationale et constitué un élément du projet de société dont on parle tant.

Radio-Canada court après son malheur

Les héros de la nouvelle sociologie du marché sont présentés comme des modèles à imiter comme si le modèle d'une minorité, qui s'enrichit outrageusement sur le dos du peuple, était généralisable. Le 1er mars 1997, c'était au tour de Mme Bombardier d'accorder quarante-cinq minutes d'entrevue à André Bérard, le pdg de la Banque Nationale, pour qu'il nous livre sa sublime pensée: «Faire de l'argent n'est pas péché... moi, j'aime le monde... (répété cinq fois), je suis un bagarreur de rues... je mérite mon salaire, je suis un enthousiaste, etc.». Il a toutes les raisons d'être personnellement enthousiaste, reste à savoir si tout le monde peut se payer le luxe de se cacher les problèmes du capitalisme et du virage à droite.

Lors de la présentation du budget 1997 du ministre des Finances Paul Martin, Radio-Canada a convoqué des économistes de banques, des représentants de firmes de courtage, divers présidents de chambres de commerce, toute «l'élite» sérieuse et objective, en somme! Le moindre «pet verbal» d'un dispensateur de cotes de crédits est amplifié, rationalisé, analysé comme une vérité éternelle. Tous ces invités se sont évidemment empressés de réclamer les surplus pour obtenir la réduction des impôts des entreprises, dispensatrices de l'aumône de l'emploi. On nous présente leur opinion comme la fleur de la science, alors qu'ils ne font qu'exprimer la préférence de leurs patrons pour faire encore plus d'argent. Les fonds publics sont à leur disposition pour faire la promotion de l'idéologie néolibérale, cela avec l'argent du peuple et sans opposition. À l'émission *Le Point*, Jean-François Lépine interviewait de jeunes *businessmen* chinois. À Shanghai, on rase l'ancienne ville pour réaliser le «rêve» d'une mégapole de l'Asie. On estime que 850 000 foyers seront évacués pour faire place aux tours. Quarante des cent plus grandes multinationales y sont déjà présentes. On pense que deux millions de voitures par année sortiront des usines de Volkswagen-Shanghai en l'an 2000. Un reportage de Radio-Canada montrait, les uns après les autres, ces Chinois de Shanghai qui rêvaient tous de déclasser Hong-Kong. L'animateur n'a pas eu l'idée de leur demander pourquoi ils visaient cet objectif. La croissance sans fin est un objectif sur lequel on ne s'interroge même plus. Quand on parlait des centaines de milliers d'expropriés, de jeunes diplômés affirmant que ça prend des gagnants, comme eux, et des perdants. On parlait des millions de gens pauvres qui seraient déplacés des villes en pleine explosion économique. Les jeunes Chinois renchérissaient: « C'est leur destin ». Jamais, de toute l'émission, a-t-on posé la question des finalités ; l'émission s'est terminée sur cet « en-soi » de l'idéologie néolibérale. Finalement, par manque d'esprit critique, ce fut une apologie du néolibéralisme.

Que dire de ces petites émissions radiophoniques telles *Les affaires et la vie*? L'an dernier, on y dressait un bilan bleu poudre et rose bonbon du miracle de la privatisation en Nouvelle-Zélande. Selon M. Brian Easton, économiste et auteur d'un livre sur le sujet, c'est l'extrême faiblesse de la classe politique, l'absence de véritables hommes d'État qui expliquent la montée du capitalisme radical en Nouvelle-Zélande. Le premier ministre M. David Lange et son adjoint, deux avocats, n'avaient aucune compétence économique. Ce sont les hauts fonctionnaires du ministère des Finances, formés au paradigme de l'école de Chicago, qui ont pris les choses en mains avec le désir de faire du pays le prototype de l'économie de marché. L'émission a-t-elle souligné cela? Jamais de la vie. Parmi eux, Roger Kerr, qui dirige aujourd'hui le Business Roundtable, un lobby patronal, était haut fonctionnaire au ministère des Finances aux plus beaux moments de la mêlée pour la privatisation. Il affirme: « Nous avons tenu compte de ce qu'écrivaient des *think tanks* comme le Cato Institute, la Heritage Fondation, l'Institut des affaires économiques de Londres. Membre moi-même de la Société du Mont-Pélerin, je fais de mon mieux pour rester en contact avec ce réseau[1] ».

De 1987 à 1996, les gouvernements travaillistes et conservateurs ont vendu 32 entreprises publiques, la très vaste majorité à des intérêts étrangers[2]. Une très grande proportion de l'économie néo-zélandaise est maintenant contrôlée de l'étranger. On y a bradé les sociétés d'État: les télécommunications, les chemins de fer ont été vendus aux Américains, les forêts aux Américains et aux Japonais, les banques aux Australiens, les assurances aux Britanniques, les compagnies d'aviation aux Australiens et aux Britanniques. Air

---

1 Serge Halami, «La Nouvelle-Zélande, éprouvette du capitalisme total», *Le Monde diplomatique*, avril 1997.
2 Michel Laliberté, «Nouvelle-Zélande: les privatisations massives restent un sujet de controverse», *Les Affaires*, 17 mai 1997.

New Zealand, vendue à un consortium australien au prix de 660 millions de dollars NZ en 1989, a réalisé 260 millions et 228 millions de profits en 1995 et 1996. Autrement dit, des étrangers ont soutiré au peuple néo-zélandais une machine à argent qui s'est payée d'elle-même en trois ans. Comment renoncer à une pareille offrande? On comprend pourquoi les affairistes parlent de succès. Telecom Co. of New Zealand bradée à un consortium américain pour 4,25 milliards de dollars NZ en 1990 a réalisé 620 millions de profits en 1995 seulement, 730 millions en 1997. Bien sûr, on nous dira que c'est le miracle de la privatisation! L'investissement est déjà repayé, on se retrouve avec une machine à dividendes pour Américains, non pas pour le peuple américain, mais pour les 10% d'Américains qui détiennent 86% des actifs financiers des États-Unis. Si les consommateurs néo-zélandais sont floués, les actionnaires étrangers sont heureux: la politique de dividendes de la compagnie Telecom est de déclarer 70% des profits en dividendes; en 1996, ce fut 92,3%[3]. De 1987 à 1990, on a supprimé 47% des emplois dans les télécommunications et 60% de ceux des chemins de fer.

Les Néo-Zélandais néo-colonisés retrouvent maintenant ce qui constituaient leurs biens publics dans les bilans de multinationales auxquelles ils versent de copieux frais d'usagers qui partent s'investir à l'étranger. L'avenir des Néo-Zélandais se décide maintenant en bonne partie dans les conseils d'administration de conglomérats étrangers. A-t-on apporté une seule critique à cette émission? On nous a fait la lecture d'un conte de fée néolibéral. On aurait payé une firme de relations publiques pour faire l'apologie de la classe possédante que l'on n'aurait pu faire mieux.

Radio-Canada a subi une perte importante de son budget due à des réductions successives. Dans le budget fédéral de 1995, le ministre Dupuy racontait que ce ne sont pas des coupures puisque «la mission de Radio-Canada change». En effet, les antennes sont de plus en plus livrées à l'entreprise privée. Le 6 décembre 1996, le *Téléjournal* annonçait la fermeture de Radio-Canada Internatio-

---

3 Serge Halimi, *op. cit.*

nal qui coûtait le prix d'un demi-café par année à chaque citoyen, 16 millions de dollars par année, soit 6 millions de moins que la distribution de drapeau. Le Canada aurait été le seul pays du G-7 à ne pas avoir de voix internationale. Finalement, ils l'ont eu leur budget, mais Sheila Copps leur a fait sentir que le budget venait du fédéral et qu'il valait mieux être fédéraliste et agiter le petit drapeau à feuille d'érable.

Personne ne semble, à Radio-Canada, faire une analyse sémantique des contenus. On ne se lasse jamais d'aligner les entrevues du corporatisme affairiste et de ses serviteurs. Le tout pourrait tenir en une douzaine d'énoncés: incertitude politique appréhendée au Québec, supériorité présumée du privé, stérilité soupçonnée des fonctionnaires, apologie de la mondialisation, nécessité de s'adapter à la concurrence internationale, impôts trop élevés, baisse inéluctable du salaire minimum, etc. Citez-nous des émissions vouées à une réflexion sur la finalité de la mondialisation, sur un questionnement du dogme de la croissance. On martèle la conscience populaire de l'idéologie dominante et de la pensée unique. A-t-on déjà consacré dix minutes à expliquer aux gens le monétarisme au service de l'establishment financier que la Banque du Canada a pratiqué depuis dix ans et qui nous a maintenus en récession et comment, dès que l'on a abandonné cette politique, l'économie a bondi? Nous baignons perpétuellement dans une atmosphère de course aux médailles et d'apologie des entrepreneurs, d'adulation des *winners* en affaires, en ski, en patins, en voiture, en ski-doo, en traîneau à chiens, en bateau, à bicyclette, sur la terre, sur et dans l'eau, dans l'air, cognant sur des balles, des rondelles, lançant des boules, etc. On nous présente les gagnants, on les interroge sur le moindre détail de leur vie, on les congratule, on les adule. Bien sûr, on nous dira que l'on reflète la réalité, qu'il ne faut pas tirer sur le messager, etc.

La nouvelle mission
de Radio-Québec:

« Flusher » la culture
pour le bénéfice du privé

En avril 1995, Jacques Parizeau, alors ministre de la Culture et des Communications, confiait à un groupe-conseil présidé par le pdg de Radio-Québec, Jean Fortier, le mandat de redéfinir la mission de Radio-Québec ainsi que ses modes d'organisation. Tout heureux, Fortier revient, deux mois plus tard, avec ses recommandations qui livrent Radio-Québec sur un plateau d'argent à l'entreprise privée, friande de sociétés d'États en démantèlement.

Ledit rapport recommande que Radio-Québec confie au secteur privé la totalité de la production télévisuelle, sauf les produits d'information et l'habillage de chaîne et que la société d'État ait recours à des commandites du privé pour financer ses opérations.

Notons que Radio-Québec devra essuyer d'importantes compressions pour l'année financière 1995-1996, soit une réduction budgétaire de 15 millions de dollars, ce qui correspond à une coupure de 22,1 % des subventions de la part de l'État québécois.

La production par le privé :
une autre façon d'utiliser les fonds publics

Le rapport Fortier reconnaît que le principal avantage de la production privée sur la production interne à Radio-Québec est la possibilité de profiter de subventions additionnelles : « Aujourd'hui, les producteurs privés peuvent compter sur l'appui financier de diverses sources, comme la Société de développement des entreprises, les crédits d'impôts, Téléfilm Canada et les fonds privés d'aide à la production.» (Rapport Fortier)

Or ces sources de financement, principalement Téléfilm Canada, la Société de développement des entreprises culturelles (SODEC) et les crédits d'impôts, relèvent essentiellement de fonds publics, à plus de 75 % dans le cas des trois sources mentionnées ci-haut. On veut donc faire appel au privé pour mieux utiliser les fonds du financement public, Radio-Québec elle-même n'ayant pas droit, de par sa nature de société d'État, à ces formes de financement public.

Faut pas se leurrer, on n'est pas dupes des jeux de mots, on sait tous que des fonds publics, en bout de ligne, ça demeure toujours de l'argent qui nous appartient, du financement public, peu importe que ces subventions soient octroyées au secteur privé.

Le privé, moins cher ? Un dogme

Dans ce cas-ci, quand on parle de finances publiques, il ne faut pas se contenter de regarder Radio-Québec comme si elle était isolée dans une bulle. Ce n'est pas parce qu'on donne moins à Radio-Québec en tant que telle qu'il en coûte nécessairement moins cher à l'État pour financer la culture, loin de là !

Les productions privées peuvent être beaucoup plus coûteuses en fonds publics, si l'on veut bien faire entrer dans le calcul l'ensemble des fonds publics impliqués et ne pas isoler une seule entité comme si elle opérait dans le néant social. Le Rapport Fortier reprend simplement le préjugé que l'entreprise privée est plus efficace que le secteur public dans n'importe quel domaine.

En voulant confier la totalité de la production de Radio-Québec au secteur privé, on oublie que des studios et des équipements, payés par des fonds publics au coût de 27 millions de dollars, il y a à peine deux ans, vont dormir parce qu'ils ne seront plus utilisés. Tout cela pour faire faire la production dans des studios privés qui prélèvent un profit sur chaque contrat, chose que n'est pas tenue de faire Radio-Québec. Évidemment, certains pensent que ça coûte moins cher au privé, quand la compagnie se prend une « cut », qu'au public où on fonctionne au « cost »!!! Cherchez la logique!

De plus, quand on fonctionne avec ce genre de coproductions avec le privé, Radio-Québec n'a que trois droits de diffusions, alors que l'entreprise privée peut vendre des droits à d'autres télédiffuseurs à grands profits.

De la formation professionnelle!?

D'après le rapport Fortier, les contributions des entreprises au financement de Radio-Québec pourraient être considérées comme des dépenses de formation professionnelle au sens de la loi pilotée par la ministre Harel, obligeant les entreprises à investir 1 % de leur masse salariale en formation de la main-d'oeuvre. Il est navrant de constater que le financement de la culture doit s'alimenter en partie à même les déductions fiscales des entreprises. Des fonds publics sont ainsi utilisés sans nécessiter une stratégie culturelle officielle.

Les compagnies devraient payer leurs impôts et laisser les élus s'occuper de la redistribution des fonds publics. La définition actuelle des déductions fiscales équivaut à remettre la gestion d'une partie des fonds publics à la classe d'affaires.

Le secteur privé aura tendance à financer, à même les fonds des contribuables, des émissions à succès de consommation rapide. Les créateurs devront faire de l'art rentable. Il est primordial que le gouvernement réalise qu'il a une responsabilité de faire connaître la culture qui n'est pas de consommation rapide.

La privatisation est peut-être la façon la plus directe de s'appauvrir collectivement, à long terme.

Une télé publique, pas si cher que ça!

Pour l'ensemble de la population québécoise, il en coûte moins de 10 $ par année pour posséder une télé publique. Quotidiennement, cela représente la modique somme de 2,4 cents par personne. Bien moins qu'un journal!

Il faut souligner que le budget de Radio-Québec ne prend que 0,14 % des dépenses du Québec. Ça coûte pas si cher que ça de se donner des outils culturels pour survivre dans cette « mer anglosaxonne ».

Pâtes et papiers

L' « apothéose » du secteur privé québécois

Léo-Paul-Lauzon

Articles parus dans *Le Devoir*, 17 octobre 1986
et 17 février 1989.

La privatisation de Donohue

Les membres du gouvernement libéral du Québec pavoisent ; ils viennent de privatiser la société d'État Donohue. À écouter parler le premier ministre Bourassa et son vaillant disciple, le ministre délégué à la privatisation Pierre Fortier, on serait porté à croire qu'ils viennent de réaliser le coup du siècle.

Le premier ministre s'est d'abord enorgueilli de la force et de la maturité du secteur privé québécois. En effet, le secteur privé québécois est, selon lui, prêt à se débrouiller seul sans l'aide de l'État québécois. Il y a suffisamment d'entrepreneurs québécois puissants et dynamiques pour prendre la relève de l'État et ce, dans pratiquement toutes les sphères d'activités économiques. Afin de démontrer la véracité de son argumentation, monsieur Bourassa a cité le cas de la récente privatisation de Donohue vendue à la firme québécoise Quebecor et au Britannique Maxwell.

Les faits

Le gouvernement du Québec met en vente la société d'État Donohue, entreprise très rentable ayant réalisé des bénéfices avant impôts de l'ordre de 67 millions de dollars en 1984 et 51 millions en 1985 et très solide financièrement avec un actif total de 712 millions de dollars et un fonds de roulement de 145 millions au 31 décembre 1985. La vente aux enchères d'un aussi prestigieux joyau aurait dû, dans une économie composée véritablement de plusieurs entrepreneurs puissants et dynamiques, attirer une longue liste de prétendants afin de s'approprier cette société d'État. Hélas, la réalité fut tout autre puisqu'il n'y a eu dans les faits que deux entreprises soumissionnaires. Ceci démontre éloquemment la « puissance » du secteur privé québécois.

Il y a d'abord eu le groupe Normick Perron, une entreprise pour le moins modeste, qui a cinq fois moins d'actifs que Donohue (140 millions de dollars versus 712 millions) et qui a réalisé, en 1985, 17 fois moins de bénéfice net avant impôts que Donohue (3 millions de dollars versus 51 millions) sans compter la perte avant impôts de 5 millions qu'elle a subie en 1984.

On conviendra que cette offre d'achat a toutes les caractéristiques pour provoquer chez certains êtres sarcastiques un sourire ironique. Il faut dire, toutefois, que la firme anglophone James Maclaren a des intérêts importants dans Normick Perron et qu'elle était fort probablement derrière Normick Perron qui, dans ce cas, servait uniquement de paravent à une opération financière qu'elle n'avait pas les moyens financiers de se payer. Il est bien beau de croire aux histoires de David qui l'emporte sur Goliath ou de la grenouille qui avale le boeuf, mais il y a des limites à tout.

Quebecor a également soumissionné. Cette entreprise avait un actif total 3,4 fois moindre que Donohue (208 millions de dollars versus 712 millions) au 31 décembre 1985, était fort endettée (coefficient d'endettement total de l'ordre de 63%) et a réalisé des bénéfices avant impôts de 18 et 20 millions de dollars en 1984 et 1985, comparativement à des bénéfices avant impôts de 67 et de 51 millions pour Donohue. N'ayant pas les reins assez solides pour digérer seul une acquisition de cette taille, monsieur Péladeau de Quebecor a été dans l'obligation de s'associer au Britannique Robert Maxwell. Quebecor versera donc 170 millions de dollars et Robert Maxwell 150 millions afin d'acquérir le bloc d'actions que la SGF détient dans Donohue.

Pas de quoi se pavaner

Suite à cette transaction, le gouvernement peut-il véritablement se pavaner? Peut-il sincèrement croire que le secteur privé québécois est assez puissant et assez mature pour concurrencer le secteur privé ontarien, canadien ou américain? Dans toute économie composée d'un secteur privé réellement puissant, ce n'est pas deux soumissionnaires qu'il y aurait eu afin d'acquérir une entreprise aussi rentable et aussi solide que Donohue, mais bien une vingtaine au minimum.

Il faut être franchement naïf ou encore bien de mauvaise foi pour prétendre que le secteur privé québécois peut se passer de l'aide de l'État. On n'efface pas près de 300 ans de soumission économique en l'espace de vingt ans. Il faudra que l'État québécois intervienne encore pendant un bon petit bout de temps à titre de pivot ou d'entrepreneur afin de faire sortir le secteur privé québécois de son état embryonnaire comparé au secteur privé d'autres provinces ou pays. En effet, le secteur privé québécois est tellement minuscule en termes de puissance économique, qu'il a fallu que nos deux soumissionnaires québécois s'associent à des investisseurs étrangers, parce qu'ils n'avaient pas les 320 millions de dollars voulus pour acquérir seuls Donohue. Pourtant, dans plusieurs pays ou provinces, une somme de 320 millions de dollars aurait représenté une transaction très ordinaire sur le plan financier.

Drôle de philosophie économique

Monsieur Bourassa s'est ensuite vanté que l'on ait pu trouver un investisseur étranger pour acquérir 49 % des actions de Donohue actuellement détenues par l'État québécois. Autres pays, autres modes de réflexion. Alors que, pour la privatisation de Saint-Gobain ou de Paribas en France, et de British Telecom ou de British Airways en Grande-Bretagne, les gouvernements français et anglais ont réservé une infime minorité des actions de ces sociétés d'État aux investisseurs étrangers, ici au Québec, monsieur Bourassa plastronne pour avoir vendu un bien collectif à des étrangers. Drôle de philosophie économique. Ce mode de pensée s'inscrit bien dans nos moeurs. N'avons-nous pas développé depuis le temps une compétence distinctive à vendre nos ressources et nos entreprises à des intérêts étrangers ?

Monsieur Bourassa savait pertinemment que seuls les investissements étrangers consentis dans des projets nouveaux créateurs d'emplois constituent un apport vraiment positif pour le Québec et non les investissements, qu'ils soient locaux ou étrangers, qui sont effectués dans le seul but d'acquérir des entreprises déjà existantes. Ces derniers n'apportent aucune nouvelle plus-value à la collectivité.

Privatisation avec financement public

Au lieu de procéder comme en France et en Grande-Bretagne et vendre directement au public les sociétés d'État québécoises, le gouvernement a préféré vendre Donohue à un acheteur individuel qui s'empressera fort probablement de financer cette acquisition en partie par des emprunts (épargne publique) et en partie par une autre émission d'actions dans le cadre du Régime épargne-actions du Québec (RÉAQ), en émettant encore une fois une tonne de ces ridicules actions subalternes qui réduisent à presque rien les droits des détenteurs de ce type d'actions. Force nous est de constater encore une fois que c'est le grand public qui financera la majeure partie de cette acquisition sans pouvoir vraiment en profiter.

N'oublions pas qu'à chaque fois qu'une entreprise comme Quebecor procède à une émission d'actions dans le cadre du RÉAQ, il en coûte beaucoup aux contribuables québécois. Supposons que Quebecor fasse une émission de 100 millions de dollars dans le cadre du RÉAQ, déductible fiscalement à 50%, ceci permettra aux acheteurs de ces actions de réclamer dans leur rapport d'impôt une charge déductible de l'ordre de 50 millions de dollars. Si ces contribuables québécois ont un taux marginal d'impôt provincial de 25%, il y aura donc un manque à gagner de 12,5 millions de dollars en recettes fiscales pour le gouvernement du Québec. Ceci revient à dire que les contribuables québécois financeront la vente de la société d'État Donohue au secteur privé pour un montant de 12,5 millions. Où est la logique d'une telle opération financière?

Des millions qui ne créent pas d'emplois

Enfin, monsieur Bourassa s'est félicité que monsieur Péladeau se soit plus ou moins engagé à maintenir au niveau actuel les emplois chez Donohue. Alors qu'en règle générale, les investissements servent à créer de nouveaux emplois, dans ce cas précis, monsieur Bourassa est tout fier de nous annoncer que, pour un investissement de 320 millions de dollars, il n'y aura pas de « perte » d'emplois !

Contrairement à ce que prétend le gouvernement libéral, l'État vient de se départir d'un investissement solide et très rentable qui aurait pu bénéficier aux générations futures et qui aurait pu générer, pendant plusieurs années, des fonds importants pour le gouvernement du Québec. À court terme, le gouvernement empochera peut-être 320 millions de dollars, mais il se prive à tout jamais d'une entreprise qui a généré pour les seules années 1984 et 1985 des bénéfices nets avant impôts de 667 millions et de 51 millions de dollars. En ce qui a trait à Domtar, l'autre société d'État mise en vente par le gouvernement du Québec, qui est aussi très rentable et très solide financièrement, il n'y a eu vraisemblablement qu'un seul soumissionnaire, soit la société Power Corporation. Monsieur Bourassa a bien raison de jubiler, le secteur privé québécois est maintenant assez fort pour se passer à tout jamais des bons offices de l'État.

Le Devoir, 17 octobre 1986.

Et si Domtar achetait Consolidated-Bathurst?

Depuis l'annonce, au mois de janvier 1989, de la vente de la société québécoise Consolidated-Bathurst, détenue majoritairement par Paul Desmarais, à la société américaine Stone Container Corporation, toutes sortes de scénarios ont été envisagés afin de garder cette importante entreprise dans les mains d'intérêts québécois. On n'insistera jamais assez sur l'importance de garder une mainmise québécoise sur cette compagnie, compte tenu de sa taille et de l'industrie dans laquelle elle opère. Les pâtes et papiers sont au Québec ce que l'électronique est au Japon.

Une base solide dans les pâtes et papiers

En termes de ventes réelles, Consolidated-Bathurst réalise un chiffre d'affaires plus élevé que toutes les sociétés québécoises suivantes réunies : Donohue, Cascades, Rolland, Saucier, Tembec et Normick Perron. On a raison d'être fiers de Cascades et de Tembec à titre de réussites québécoises, mais il y a une limite. Ces entreprises sont bien modestes lorsque nous les comparons à des géants canadiens comme Consol, Domtar, Foresterie Noranda (McMillan Bloedel et Fraser), Abitibi-Price, BC Forest Products et les Produits forestiers Canadien-Pacifique (CIP et Great Lakes Forest Products). Si le Québec veut développer une compétence particulière et une niche sur le plan international, comme il devait le faire, ce n'est pas en vendant à des intérêts étrangers ses principaux pivots qu'il va y parvenir.

Avec des institutions comme Domtar, Consol, Cascades, Donohue, Rolland, Tembec et autres, le Québec jouit d'une solide base dans le domaine des pâtes et papiers et peut prétendre concurrencer les plus grosses entreprises qu'elles soient américaines, japonaises, anglaises ou autres. En plus, nous jouissons d'un avantage certain en ce sens que le Québec est fort bien doté en forêts. Il est tout à fait ridicule de prétendre que, sous le prétexte d'une soi-disant « planétarisation » ou « globalisation » des échanges commerciaux, il faille vendre nos entreprises à des intérêts étrangers.

Plusieurs gens d'affaires et politiciens essaient de nous faire croire que la vente d'entreprises québécoises (comme Consol, Groupe Commerce et Donohue) à des étrangers est devenue un phénomène naturel qui se situe dans l'ordre des choses ou un mal nécessaire auquel il faut se résigner.

Pourquoi pas Domtar?

Hélas, nous sommes bien mal partis pour nous doter d'un secteur des pâtes et papiers fort, contrôlé majoritairement par des Québécois. La Consol vient d'être vendue à des intérêts américains et l'actuel gouvernement québécois a déjà vendu 49 % de la Donohue à l'homme d'affaires britannique Robert Maxwell. De plus, notre actuel premier ministre incite ce dernier à faire une offre « raisonnable » pour l'acquisition de Domtar (le dernier joyau détenu par l'État québécois) et, ayant déjà un solide pied dans la porte d'entrée principale, M. Maxwell a des visées sur Tembec, Consol et Normick Perron.

Comme prétendants à l'acquisition de la Consol, les noms de Donohue, de la Caisse de dépôt, de Robert Maxwell et de Cascades sont ceux qui sont revenus le plus souvent. Mais pourquoi pas la Domtar? Domtar a tous les atouts pour acquérir Consol. Elle a les moyens financiers, elle opère déjà dans le même secteur que Consol et est déjà contrôlée majoritairement par l'État québécois, par le biais de la Caisse de dépôt et de la Société générale de financement.

Le tableau ci-dessous montre, au 31 décembre 1987, l'ordre de grandeur des cinq plus grandes entreprises de pâtes et papiers canadiennes de même que quelques données financières sur certaines sociétés à contrôle québécois.

Données financières

(en millions de dollars)

Au 31 décembre 1987

Entreprises	Ventes annuelles	Bénéfices nets	Actif total	Dettes totales
Mac Millan Bloedel	3 135	281	2 516	889
Abitibi-Price	2 988	126	2 550	989
Domtar	2 568	161	2 855	1 267
Consolidated-Bathurst	2 261	182	2 265	905
C.I.P.	2 032	118	1 866	-
Cascades	528	22	471	286
Donohue	522	44	864	405
Rolland	388	3	149	82
Normick Perron	171	9	224	127
Tembec	162	8	288	148

Le Devoir, 17 février 1989.

Domtar pourrait financer l'acquistion de la Consol de plusieurs façons : par l'échange d'actions avec Consol ; l'émission de nouvelles actions ; des emprunts à long terme (effet de levier) ; par le biais des fonds de la Caisse de dépôt ou de la Société générale de financement (SGF), ses principaux actionnaires ; en s'associant à la Caisse de dépôt ou la SGF ; en vendant certaines de ses divisions qui se situent en périphérie du secteur des pâtes et papiers.

À titre d'exemple, Domtar pourrait vendre une ou plusieurs de ses divisions : emballages, produits chimiques, matériaux de construction, gaz naturel et pétrole, dont les ventes annuelles ont été, en 1987, respectivement de 456, 248, 787 et 7 millions de dollars.

Il me semble que le regroupement Domtar-Consol constituerait un mariage naturel et harmonieux et doterait le Québec d'un instrument économique puissant capable de concurrencer avantageusement les firmes étrangères. Si le gouvernement québécois actuel y met un peu de bonne volonté, cette transaction pourrait facilement être complétée et pourrait servir les intérêts de tous les Québécois pour longtemps.

Arrêter l'hémorragie

Si, en 1981, Noranda a acquis le géant McMillan Bloedel, Olympia & York a acheté Abitibi-Price et Canadien Pacifique s'est porté acquéreur de CIP, qui appartenait jusqu'alors à la firme américaine International, je ne vois pas pourquoi Domtar ne pourrait pas acheter Consol. Soulignons qu'en 1981, le gouvernement de la Colombie-Britannique était intervenu afin que McMillan Bloedel ne passe pas à des mains étrangères.

Il faut arrêter l'hémorragie. Au lieu de s'entêter à vouloir privatiser Domtar et la vendre peut-être à des intérêts étrangers, ce qui serait du masochisme pur et simple, il faut au contraire accroître la participation de l'État québécois dans cette firme et lui donner les moyens de prendre de l'ampleur. Ceci ne fera que profiter aux travailleurs, aux consommateurs, aux petites entreprises, à l'État ainsi qu'à tous les habitants du Québec.

Certains croient que Paul Desmarais serait fâché si une autre entreprise que la Stone Container faisait l'acquisition de la Consol, surtout si c'est une société d'État. Si on lui offre, disons 26 $ l'action au lieu des 25 $ offerts par Stone, M. Desmarais sera littéralement mort de rire et empochera un petit 100 millions de dollars de plus.

Les géants québécois doivent prendre la relève

On peut constater que MM. Béland et Castonguay, respectivement présidents de la Confédération des caisses populaires Desjardins et du groupe La Laurentienne, multiplient ici et là les conseils afin de garder au Québec d'importantes sociétés commerciales. Malheureusement, même avec des capacités financières énormes, ces deux institutions font bien peu afin de participer elles-mêmes activement à l'achat de firmes québécoises ou d'aider à financer des groupes québécois à acheter des entreprises locales ou étrangères.

Dans le passé, les caisses populaires ont investi dans des firmes québécoises, Culinar et Sico, entre autres, mais cela s'avère insuffisant, compte tenu des moyens financiers qu'elles détiennent. Il faudrait que ces deux institutions privées s'impliquent davantage surtout dans une période où notre gouvernement est en train de tout vendre. Il est impératif que les géants québécois du secteur privé prennent, à cet effet, la relève, sinon il sera trop tard et le Québec fera un bond en arrière de cent ans sur le plan économique. Tout ou presque sera détenu par des intérêts étrangers.

Abonnez-vous
à *l'aut' journal*

Je m'abonne à *l'aut' journal*

- ❑   abonnement   10 numéros pour 25 $ (taxes incluses)

                                      20 numéros pour 45 $ (taxes incluses)

- ❑   par un abonnement de soutien de 60 $ ou plus
- ❑   par un abonnement de groupe (50 ¢ l'exemplaire)

Faites votre chèque à l'attention de :

l'aut' journal, 3575 St-Laurent, b.416, Montréal, H2X 2T7

Nom:_____

Adresse: _____

Ville:_____Code postal: _____

Tél.: _____

Numéro d'abonné: _____

Chaire
d'études
socio-économiques
de l'UQAM

Donateur/Donatrice Individuel-le

Donateur/Donatrice privilégié-e	250 $
Donateur/Donatrice	100 $
Donateur/Donatrice à faible revenu	250 $

Les donatrices et les donateurs reçoivent les publications de la Chaire

Pour recevoir un reçu pour fins d'impôt, faites votre chèque au nom de la fondation UQAM en indiquant que c'est pour la Chaire d'études socio-économiques et faites parvenir à :

**Fondation UQAM
C.P. 8888, Suc. Centre-ville
Montréal, H3C 3P8**

Nom:_____

Organisme: _____

Adresse: _____

Ville:_____Code postal: _____

Téléphone: _____

Télécopieur:_____